Markus St. Bugnyar

ALS DIE SONNE AUFGING

Mit Jesus unterwegs zum Leben.

Mit einem Vorwort von
Christoph Kardinal Schönborn
und Fotos von Andrea Krogmann

www.bebeverlag.at

Be&Be

Markus St. Bugnyar

ALS DIE SONNE AUFGING

Mit Jesus unterwegs zum Leben.

Be&Be-Verlag: Heiligenkreuz 2018
ISBN 978-3-903118-66-9

Das Werk einschließlich aller seiner Teile ist urheberrechtlich geschützt. Jede Verwertung außerhalb der engen Grenzen des Urheberrechtsgesetzes ist ohne Zustimmung des Verlages unzulässig und strafbar. Das gilt insbesondere für die Vervielfältigung, Übersetzung, Mikroverfilmung und die Einspeicherung und Verarbeitung in elektronischen Systemen.

Alle Rechte vorbehalten. Printed in EU 2018.

Fotos: Andrea Krogmann, Coverfoto: Jakob Götz, auf dem Dach der Grabeskirche in Jerusalem

Layout: Augsten Grafik

Be&Be

© Be&Be-Verlag Heiligenkreuz im Wienerwald, www.klosterladen-heiligenkreuz.at
Direkter Vertrieb:
Klosterladen Stift Heiligenkreuz
A-2532 Heiligenkreuz im Wienerwald
Tel. +43-2258-8703-400
E-Mail: bestellung@klosterladen-heiligenkreuz.at
www.klosterladen-heiligenkreuz.at

Markus St. Bugnyar

ALS DIE SONNE AUFGING

Mit Jesus unterwegs zum Leben.

Mit einem Vorwort von
Christoph Kardinal Schönborn
und Fotos von Andrea Krogmann

www.bebeverlag.at

Be&Be

Meinen Eltern Anna und Matthias

Inhalt

Vorwort 7

Am Anfang 10
   Genesis 12,1-4 Die Berufung Abrahams 10
   Exodus 3,7-8 Heraufzuführen in das Land 12

Ein neuer Beginn 15
   Lukas 1,26-38 In eine Stadt namens Nazaret 15
   Matthäus 1,18-25 Worüber Josef nachdenkt 18
   Markus 1,3-6 Eine Stimme in der Wüste 21
   Lukas 1,39-56 Erfüllt vom Heiligen Geist 26
   Jesaja 9,1-6 Ein helles Licht geht auf 29
   Lukas 2,1-19 In jenen Tagen erließ Kaiser Augustus 33
   Maleachi 3,19-24 Die Sonne der Gerechtigkeit 39
   Johannes 1,1-18 Und das Wort ist Fleisch geworden 44
   Hebräer 2,14-18 Der Nachkommen Abrahams nimmt er sich an ... 49
   Lukas 2,25-40 Simeon und Hanna 54

Jesu Wirken 57
   Lukas 2,41-52 Zum Paschafest nach Jerusalem 57
   Johannes 1,25-34 Johannes und Jesus 60
   Lukas 4,15-21 Der Geist des Herrn ruht auf mir 63
   Matthäus 4,1-17 Wider der Macht des Bösen 68
   Johannes 2,1-11 In Kana in Galiläa 74
   Matthäus 4,18-25 Folgt mir nach! 77
   Johannes 4,5-30.39-42 Ewiges Leben 82
   Lukas 6,17-26 Und er heilte alle 87
   Matthäus 5,20-37 Euer Ja sei ein Ja! 91

    Markus 6,30-34 Der gute Hirt 96
    Markus 7,31-37 Effata – Öffne Dich! 98
    Lukas 10,25-37 Der barmherzige Samariter 101
    Lukas 11,1-13 Dein Name werde geheiligt 104
    Markus 10,46-52 Hab Erbarmen mit mir! 107
    Lukas 19,1-10 Zu retten, was verloren ist 111
    Matthäus 25,1.14-30 Mit dem Himmelreich ist es wie 116
    Johannes 14,1-15 Ich bin der Weg 120

Jesu Leiden und Auferstehen 123
    Lukas 9,28-36 Sein Gewand wurde leuchtend weiß 123
    Johannes 13,1-17 Die Stunde war gekommen 131
    Markus 14,32-41 Nimm diesen Kelch von mir 137
    Johannes 18,33-40 Mein Königtum ist nicht von dieser Welt 143
    Markus 15,22 Golgota – Das Wesentliche unseres Glaubens 146
    Markus 16,1-20 Wer soll das glauben? 150
    Matthäus 28,1-20 Er ist auferstanden 157
    Johannes 20,1-18 Die Frohbotin 161
    Johannes 20,19-31 Ungläubig wie Thomas 166
    Lukas 24,50-53 Zum Himmel empor 169
    Apostelgeschichte 1,1-12 169
    Apostelgeschichte 1,13 Das Obergemach 172
    Apostelgeschichte 2,1-11 Pfingsttag 176
    Johannes 3,12-18 Wie Mose die Schlange 180

Das pilgernde Gottesvolk 183
    Apostelgeschichte 6,1-17 Ganze sieben Männer 183
    Apostelgeschichte 1,14 Mit Maria, der Mutter Jesu 188
    Apostelgeschichte 6,7-15.52-60 Stephanus sieht den Himmel offen 191
    Galater 1,18 Petrus und Paulus 195
    Jesaja 35,1-4 Die Pracht des Karmel – die Kraft des Gebetes 200
    Offenbarung 21,1-5 Das neue Jerusalem 203

Vorwort

„Als die Sonne aufging." Dieser Titel des vorliegenden Bandes ist dem Osterbericht aus dem Lukasevangelium entnommen (vgl. Lk 16,2). Morgens, in aller Frühe, eilten die Frauen zu Jesu Grab und fanden es leer. Engel verkündeten ihnen die Auferstehung des Herrn. Eine Hoffnung, die uns bis heute trägt.

Früh morgens, oft schon beim Aufgang der Sonne, brechen Pilger auf, um sich auf den Weg zu den heiligen Stätten zu machen. Sie begeben sich auf die Spuren Jesu mit allen Sinnen. Dieser Predigtband kann dabei ein wertvoller Reisebegleiter sein. Er führt nicht nur zu den wichtigsten Stätten des Heiligen Landes, sondern lässt zugleich die Bedeutung dieser Orte deutlich werden: Hier sind, so berichtet die Bibel, Menschen Gott begegnet und haben Trost und Heil erfahren. Die Texte laden ein, an den Orten zu verweilen und sich berühren zu lassen von den kraftvollen Worten der Heiligen Schrift.

Die Betrachtungen und Meditationen werfen dabei Licht auf wesentliche Stationen der Geschichte Gottes mit den Menschen: von der Berufung Abrahams über das Leben Jesu von Nazaret, sein Wirken, Leiden und Auferstehen in Jerusalem bis hin zu den Anfängen der Kirche. Der Blick richtet sich schließlich auf das himmlische Jerusalem, von dem die Offenbarung des Johannes kündet. So erhellen die Texte auch wesentliche Momente aus dem Leben Jesu und die Feiergeheimnisse des Kirchenjahres.

Dieser Pilgerführer kann zu einem persönlichen, spirituellen Wegbegleiter auf den Spuren Christi werden. Er stellt Christus, der unsere Sonne ist, ins Zentrum. Mögen viele auch in ihrem eigenen Leben vom Licht Christi berührt werden.

Erzbischof Christoph Kardinal Schönborn
Protektor des Österreichischen Pilger-Hospizes zur Heiligen Familie in Jerusalem

Sonnenuntergang in der Aravasenke in Südisrael. Im Mittelalter verlief die Weihrauchstraße von Petra nach Gaza durch die heute wenig bevölkerte Region.

Am Anfang

Genesis 12,1-4 Die Berufung Abrahams

¹ Der Herr sprach zu Abram: Zieh weg aus deinem Land, von deiner Verwandtschaft und aus deinem Vaterhaus in das Land, das ich dir zeigen werde.

² Ich werde dich zu einem großen Volk machen, dich segnen und deinen Namen groß machen. Ein Segen sollst du sein.

³ Ich will segnen, die dich segnen; wer dich verwünscht, den will ich verfluchen. Durch dich sollen alle Geschlechter der Erde Segen erlangen.

⁴ Da zog Abram weg, wie der Herr ihm gesagt hatte, und mit ihm ging auch Lot. Abram war fünfundsiebzig Jahre alt, als er aus Haran fortzog.

Der Herr spricht zu Abraham: *Zieh weg aus deinem Land, von deiner Verwandtschaft und aus deinem Vaterhaus* (Gen 12,1)! Und meint das sehr wörtlich, örtlich, geografisch. *Mach dich weg von hier in eine ferne Zukunft, in ein Land, das du nicht kennst.*

Seit frühester Zeit lesen wir diese Aufforderung auch in einem geistlichen Sinne: *Verlass das Land deiner Gewohnheit, deiner Verankerung, mach dich weg von falschen Verbindlichkeiten, fern von allem, was dich träge macht, den rechten Weg zu gehen.*

Wir wissen, wie schwer das ist, wenn alle guten Vorsätze und Versuche bereits durch ein Minimum an Versuchung wieder zunichte gemacht werden können, wenn wir vom rechten Weg abkommen und uns damit trösten, dass unser Gott ein barmherziger und verzeihender ist.

Ahnen wir noch etwas davon, dass bei aller Liebe dieses Gottes er sich nicht für dumm verkaufen lässt, dass Zusagen, die er macht und hält, auf Erfüllung treffen wollen, die wir machen und halten? Erahnen wir noch den Druck, der auf uns lastet, unserem Gewissen zu folgen, weil wir Verantwortung tragen? Wie wenig braucht es doch, den äußeren Schein, wenn er kein inneres Wesen hat, zum Einsturz zu bringen; wie viele, die uns vertrauen, werden enttäuscht und leiden darunter?

Zieh weg aus deinem Land ... ich will segnen (Gen 12,1.3). Im Gegensatz zu Abraham wissen wir sehr wohl, was der Lohn dieses Glaubens ist. Zahllose Menschen leben es vor. Und wie mühsam bleibt es doch, dieses Land des geringsten Widerstands und schnellen Nachgebens einzutauschen gegen jenes der inneren Ruhe.

Der Herr spricht zu Abraham: *Ziehe in das Land, das ich dir zeigen werde* (Gen 12,1). Und meint das sehr wörtlich: In jenes Heilige Land, physisch, geografisch, in dem wir uns hier befinden, Kinder Abrahams unterschiedlichster Herkunft. In einem geistlichen Sinne ist dieses neue Land, das Land der Zukunft, der Verheißung, fern von hier, jenes im Himmel. Was treibt uns dann aber dennoch hierher, zu den irdischen Stätten des Glaubens?

Da ist zunächst die Sehnsucht des Menschen, sehen zu wollen, fühlen zu müssen, *diesen* Ort und *jenen,* was sich hier ereignete und zutrug, um Gewissheit zu erlangen. Wenn es diesen Ort tatsächlich gibt, so wächst doch vordergründig auch die Wahrscheinlichkeit, dass die Erzählung um ihn stimmt.

Ein anderer, dem dies nicht reicht, tröstet sich mit dem Gedanken, in einer Reihe von Abertausenden zu stehen, die ebenso wie er hier gebetet haben, Trost fanden und deshalb diesem *locus* Kraft und Heiligkeit zugestehen – zugestehen, um selbst gestärkt zu werden.

Der entscheidende Grund, dieses Land zu schützen, ist aber ein theologischer: Wir glauben und bekennen: Gott ward Mensch, zu einer bestimmten Zeit, an einem bestimmten Ort. Diesen Ort aufzugeben, heißt die Fleischwerdung des Sohnes der Beliebigkeit preiszugeben. Die heiligen Stätten zu verehren, bedeutet umgekehrt, teilzunehmen, mit Händen zu fassen, das Unfassbare dieses Ortes. Gott, der über allem steht, senkt sich hernieder, in unsere Materie, um diese Materie, uns, zu sich heimzuholen.

Exodus 3,7-8 Heraufzuführen in das Land

⁷ Der Herr sprach: Ich habe das Elend meines Volkes in Ägypten gesehen, und ihre laute Klage über ihre Antreiber habe ich gehört. Ich kenne ihr Leid.

⁸ Ich bin herabgestiegen, um sie der Hand der Ägypter zu entreißen und aus jenem Land hinaufzuführen in ein schönes, weites Land, in ein Land, in dem Milch und Honig fließen, in das Gebiet der Kanaaniter, Hetiter, Amoriter, Perisiter, Hiwiter und Jebusiter.

Jerusalem liegt in den Bergen. Wenn man von der Küste kommt, muss man einiges an Höhenmetern überwinden, bis sich uns der Anblick der Heiligen Stadt darbietet. Deshalb ist in der Bibel und in jeder informierten Sprache davon die Rede, *nach Jerusalem hinaufzusteigen* (etwa 2 Sam 19,35; 1 Kön 12,28).

Man steigt aber auch *hinauf* aus Ländern, die südlich des Blickwinkels des Betrachters, des Erzählers liegen. Wenn wir also lesen, das Volk Israel werde *aus Ägypten heraufgeführt,* dann hören wir beides: herauf aus einem südlich gelegenen Land, herauf aber auch in die Berge Jerusalems.

Der Satz ist in sich schon Programm und nicht harmlos. Immer wieder erinnert die Heilige Schrift das Geschehen des Exodus, wenn es an wichtigen Momenten seiner Geschichte innehält, wenn es zum Wandel, zum Bruch, zum Neuanfang kommt. Immer ist beim *Hinaufführen* nicht einfach nur eine Ortsverlagerung gemeint, sondern im gleichen Atemzug auch eine theologische, eine politische Note. *Aus dem Sklavenhaus der Angst in die Weite des Gelobten Landes.*

Diesem Heraufführen entspricht beim ersten Exodus das Herabsteigen Gottes: *Ich habe das Elend meines Volkes in Ägypten gesehen, und ihre laute Klage über ihre Antreiber habe ich gehört* (Ex 3,7).

Herabgestiegen – das ist hier gemeint – aus dem Himmel, um sich im brennenden, doch nicht verbrennenden Dornbusch zu zeigen und zu verhüllen gleichermaßen.

Im Grunde ist es immer diese Bewegung zwischen unserem Gott und uns Menschen. *Er steigt herab zu uns, um uns heraufzuführen.* Er hört uns rufen, um uns zu erhören. Er sieht uns an und wir werden licht.

In seiner Menschwerdung nichts anderes als auch das: Er steigt herab in unser Fleisch, um unser Fleisch zu sich zu erheben. Um es zu verwandeln, damit es nicht mehr sterben muss, sondern leben kann.

So ist ganz klar, dass sehr früh schon der Exodus – der Weg aus Ägypten in das Gelobte Land – zu einem Symbol für alle Befreiung werden kann, für die ganz konkrete Befreiung aus körperlicher Ausbeutung, für die ganz essenzielle, aber auch der geistig-geistlichen Freiheit, aus der Enge in die Weite des Himmels geführt zu werden. So wird aus den Quadrattausenden an Land schnell auch der unfassbare Himmel, die Wanderung durch eine Wüste zum Bild für das Leben des Menschen, dem am Ende das Paradies offensteht.

Damit fügt sich ganz wunderbar der Name dieses Gottes: *Ich bin, der ich bin – Ich bin da* (Ex 3,14).

Ich bin, der ich bin, weil ich nicht anders kann als für dich da zu sein; so könnte man es wahrnehmen und so auch die Geschichte dieses Gottes mit seinen Menschen verstanden werden. Er steigt herab, damit wir aufsteigen können; damit wir dazulernen, reifer, mündiger, aufmerksamer, hellhöriger, tiefer und weiter werden.

Und auch das bleibt gleich: Er steigt *zuerst* herunter zu uns. Wenn ich auf ihn aufmerksam werde in meinem Leben, ist er längst schon da. Er war immer schon da.

Nur ich hatte keine Zeit für ihn. Dabei will ich nichts anderes für mich, als Er auch schon für mich vorgesehen hat: Leben.

Altar in der Verkündigungsbasilika in Nazaret. In dieser Höhle soll in der katholischen Überlieferung der Erzengel Gabriel der Jungfrau Maria erschienen sein.

Ein neuer Beginn

Lukas 1,26-38 In eine Stadt namens Nazaret

[26] Im sechsten Monat wurde der Engel Gabriel von Gott in eine Stadt in Galiläa namens Nazaret

[27] zu einer Jungfrau gesandt. Sie war mit einem Mann namens Josef verlobt, der aus dem Haus David stammte. Der Name der Jungfrau war Maria.

[28] Der Engel trat bei ihr ein und sagte: Sei gegrüßt, du Begnadete, der Herr ist mit dir.

[29] Sie erschrak über die Anrede und überlegte, was dieser Gruß zu bedeuten habe.

[30] Da sagte der Engel zu ihr: Fürchte dich nicht, Maria; denn du hast bei Gott Gnade gefunden.

[31] Du wirst ein Kind empfangen, einen Sohn wirst du gebären: dem sollst du den Namen Jesus geben.

[32] Er wird groß sein und Sohn des Höchsten genannt werden. Gott, der Herr, wird ihm den Thron seines Vaters David geben.

[33] Er wird über das Haus Jakob in Ewigkeit herrschen, und seine Herrschaft wird kein Ende haben.

[34] Maria sagte zu dem Engel: Wie soll das geschehen, da ich keinen Mann erkenne?

[35] Der Engel antwortete ihr: Der Heilige Geist wird über dich kommen, und die Kraft des Höchsten wird dich überschatten. Deshalb wird auch das Kind heilig und Sohn Gottes genannt werden.

³⁶ Auch Elisabet, deine Verwandte, hat noch in ihrem Alter einen Sohn empfangen; obwohl sie als unfruchtbar galt, ist sie jetzt schon im sechsten Monat.

³⁷ Denn für Gott ist nichts unmöglich.

³⁸ Da sagte Maria: Ich bin die Magd des Herrn; mir geschehe, wie du es gesagt hast. Danach verließ sie der Engel.

Haben Sie das mitgekriegt? Da kommt ein Engel (wohlgemerkt: ein „Engel"!) und verkündet einem jungen, unscheinbaren Mädchen Unglaubliches: Zwar ist sie mit einem Nachkommen des uralten Königshauses David verlobt, doch das Land ist besetzt, auf dem Thron sitzen romtreue Marionettenkönige. Und nun wird ihr gesagt, dass ihr noch ungeborener Sohn a) den Thron des Reiches besteigen, er b) Sohn des Höchsten genannt und c) in Ewigkeit herrschen wird.

Ein Bote vom Himmel mit drei schier unglaublichen Botschaften; wir würden fragen, wie sollte ihr Sohn die Römer aus dem Land jagen, und sie fragt den Engel: *Wie soll das geschehen?* (Lk 1,34), wie soll sie zu einem Kind kommen, sie, die doch erst verlobt und nicht schon verheiratet ist?

Uns würde doch vielmehr interessieren, wie unsere Sprösslinge zu Thron und Herrschaft, also Ruhm, Ehre, Ansehen kommen.

Nicht so Maria. Nicht, dass sie es wohl nicht auch überrascht hätte – ein Engel in der Tür und die Nachricht von Thron und ewiger Herrschaft –; sie aber macht sich scheinbar Gedanken um die natürlichste Sache der Welt: *Wie soll das geschehen, da ich keinen Mann erkenne* (Lk 1,34)?

Sie erscheint unbedarft, etwas vorgestrig; sie erscheint aber in dieser für uns naiven Frage in ihrer wahren Natur. Maria ist anders, anders als die anderen Menschen. Natürlich ist sie Mensch, doch die normalen Fragen der Menschen interessieren sie peripher. Die Fragen nach Macht, Politik, Reichtum, Ansehen in der Gesellschaft, ein guter Ruf, ein guter Name. Sie macht nicht mit in diesem

Spiel der Welt, in diesem Spiel von Angebot und Nachfrage; sie hält sich nicht an die Regeln des Marktes, erfüllt nicht die Erwartungen; sie ist gern naiv, nicht absichtlich, sondern natürlich. Sie ist – wie man das früher nannte – *fromm*.

Gibt's denn das noch heute: *Fromm* zu sein? Also sich Sorgen und Gedanken zu machen, nicht um die Nachrede beim Nachbarn, nicht vor *den anderen* gut dazustehen, sondern *vor Gott* gut dazustehen? Fromm zu sein, das ist es, was für Maria zählt. Rein und unbefleckt von den Lastern der Welt zu bleiben, so rein wie der Mensch vor der ersten Sünde im Paradies.

Das unterscheidet sie von uns. Wir gehen den Weg des geringsten Widerstands, versuchen *unsere* Interessen, *unsere* Meinungen durchzusetzen, zu *unserem* Vorteil zu kommen, recht *zu haben* und *zu behalten* und vor *den anderen* gut dazustehen. Wenn wir schon schwach und sündenvoll sind, doch merken darf das bloß keiner. Als ob Gott nicht auch unser Herz kennen würde!

Wenn man das künftige Leben ihres Sohnes von seinem Anfang in Bethlehem bis zu seinem Ende auf Golgota, von seinem Neu-Anfang an Ostern bis zu seiner Wiederkunft überblickt, merkt man, dass das nicht der Sohn von irgendjemand war, sondern ein Sohn, der den Namen *Sohn des Höchsten* zu Recht verdient.

Maria, seine Mutter, blieb bescheiden: *Mir geschehe, wie du es gesagt hast* (Lk 1,38)! Genau genommen sagt das Griechische des Textes: *An mir, mit mir* – nicht außerhalb, nicht neben mir geschehe, was du gesagt. Sie gibt sich Gottes Geist hin, bleibt bescheiden, geduldig; *empfängt* seinen Sohn, steht zu ihm, steht unterm Kreuz; *empfängt* die Krone der Herrlichkeit im Himmel.

Es ist doch eigenartig: Sie, die sich für die Dinge der Welt – Ansehen, Ruhm, Ehre und Macht – nicht interessiert hat, ihr fallen sie in den Schoß. Heute noch verehren sie die Menschen als Herrin, Königin und Mutter, wenden sich in Nöten an sie, vertrauen auf ihre Fürsprache.

Freilich, durch Konsum und Eigenwahn verklebte Augen sehen so etwas nicht, nur die Augen des Herzens erkennen die tiefere Bedeutung dieses Mädchens aus Galiläa. Sehen, dass Frommsein auch zu etwas gut sein kann.

Matthäus 1,18-25 Worüber Josef nachdenkt

¹⁸ Maria, seine Mutter, war mit Josef verlobt; noch bevor sie zusammengekommen waren, zeigte sich, dass sie ein Kind erwartete – durch das Wirken des Heiligen Geistes.

¹⁹ Josef, ihr Mann, der gerecht war und sie nicht bloßstellen wollte, beschloss, sich in aller Stille von ihr zu trennen.

²⁰ Während er noch darüber nachdachte, erschien ihm ein Engel des Herrn im Traum und sagte: Josef, Sohn Davids, fürchte dich nicht, Maria als deine Frau zu dir zu nehmen; denn das Kind, das sie erwartet, ist vom Heiligen Geist.

²¹ Sie wird einen Sohn gebären; ihm sollst du den Namen Jesus geben; denn er wird sein Volk von seinen Sünden erlösen.

²² Dies alles ist geschehen, damit sich erfüllte, was der Herr durch den Propheten gesagt hat:

²³ Seht, die Jungfrau wird ein Kind empfangen, einen Sohn wird sie gebären, und man wird ihm den Namen Immanuel geben, das heißt übersetzt: Gott ist mit uns.

²⁴ Als Josef erwachte, tat er, was der Engel des Herrn ihm befohlen hatte, und nahm seine Frau zu sich.

²⁵ Er erkannte sie aber nicht, bis sie ihren Sohn gebar. Und er gab ihm den Namen Jesus.

Worüber um alles in der Welt muss Josef noch nachdenken? Die Sache liegt doch klar zutage und wird auch nicht geleugnet: Maria, seine Verlobte, ist schwanger, noch bevor sie zusammengekommen waren – was nach damaligen Maßstäben heißt, noch bevor sie Josef überhaupt zu Gesicht bekam.

Und Josef denkt nach, dennoch; trotzdem sein Umfeld – er wird ja nicht der Einzige gewesen sein, der sehen konnte – ihm deutliche Kunde brachte: Seine Verlobte, nach menschlichem Ermessen ganz offensichtlich untreu.

Unser Evangelist Matthäus hat leicht schreiben; er weiß bereits, wie sich die Sache verhält und welchen Verlauf sie nehmen wird. Maria erwartet ein Kind durch das Wirken des Heiligen Geistes und Josef war ein Gerechter, der kein Aufsehen erregen wollte.

Schöne Definition übrigens von Gerecht-Sein: Sich auch dann nicht in den Vordergrund schieben, selbst wenn alles für einen spräche.

An lediglich zwei Stellen des Neuen Testaments (es gibt bedeutend mehr, doch sonst schweigen sie) begegnen wir *sprechenden* Engeln: Bei der *Geburt* Jesu und bei seiner *Auferstehung* (Lk 2,14; Mt 28,5). In diesen beiden Momenten müssen sie erklären, deuten, verständlich machen. Weder ist eine Jungfrauengeburt selbsterklärend noch ereignet sich Auferstehung von den Toten diesseits unserer menschlichen Erreichbarkeit.

Ist es Zufall, dass, wo die Logik der Naturwissenschaften nicht mehr hinreicht, gerade Engel – die als Geistwesen über den Dingen stehen, zwischen Himmel und Erde angesiedelt sind – uns frohe Kunde deutlicheren Verstehens bringen?

Sie haben so Ihre Probleme mit der Realität von Jungfrauengeburten und Auferstehen und überhaupt Engel nur als Kinderillusion gern? Warum lesen Sie dann Horoskope und spielen Lotto, wenn Sie dem Glück, dem Zufall, dem Schicksal, dem Außergewöhnlichen und dann auch Übernatürlichen so wenig zutrauen?

Thomas von Aquin, der geniale Ochse unter den Theologen (pardon, so nannten ihn schon seine Zeitgenossen), erklärt es uns:

Es gibt in unserer Welt *Materie*, die bearbeitet werden kann nach unserem Gutdünken, die keinerlei Eigenkraft besitzt, die uns willenlos zuhanden bleibt.

Über ihr erhebt sich die Welt der *Pflanzen*, die ein vegetatives System auszeichnet, sich entfalten und entwickeln kann, einem Lebensplan unreflektiert folgen muss. Aus einem Maiglöckerl wird kein Schmetterling.

Darüber die Welt der *Tiere*, die neben Leben noch Willen und Emotion zeigen, vielleicht sogar Geist besitzen, jedenfalls sind sie lernfähig und der Tierfreund unter uns wünscht ihnen einen Himmel.

Als das höchste aller Tiere begegnet uns der *Mensch* – die Krone der Schöpfung – mit Geist und Seele, Herz und Hirn. Nur er kann über sich hinausdenken und wachsen, kann glauben, lieben, hoffen und – was alles trägt – vertrauen. Er entscheidet frei über seinen Himmel und seine Hölle. Wer an den Himmel glauben kann, hat mehr vom Leben.

Darauf folgen – laut Thomas – die *Engel*. Vollkommen logisch: Wenn wir schon in unserer Welt wahrnehmen, dass Materie, dass Körper in Pflanzen, Tieren und Menschen nicht naturgegeben zusammengebunden sind, sondern sich in Stufen zueinander verhalten, so kann doch nach oben die Linie ebenso weitergedacht werden: Engel sind – höher als Menschen – nur noch Geist, ohne Körper, und deshalb nicht an Ort und Zeit gebunden.

Und über ihnen – die Vielzahl der Menschen und Engel auf ihr tragendes Prinzip, den Urquell des Lebens komprimiert – waltet *Gott*, erhaben in Ewigkeit, Licht, Leben, Liebe, ohne Fehl und Makel.

Dass ein solcher Gott in die Materie eingreifen kann, sie sich dienstbar machen kann, ist nicht überraschend, sondern notwendig.

Dass er es tut, dem Menschen einen Weg weist, der über Leben, Leiden, Reifen, Wachsen, Gerecht- und Heilig-Werden über den bloß naturgebundenen Horizont in seine Fülle weist (wer würde sich nicht für genial halten), das ist für uns Not-wendend, befreit es doch aus der Ungewissheit, dass wir bloß leben, um zu sterben.

Mit Verlaub, der Tod ist nicht unser Erbteil in der Ordnung der Materie. Unsere Aufgabe ist es, Materie, Körper, Niedertracht und Hinterlist hinter uns zu lassen, jeden Tag eine Stufe mehr aus Geist und Seele zu leben, vernünftig zu werden, nicht Fachidioten, vernünftig im Blick auf das Gesamt von Realität.

Ein schöner Gedanke, dass es das gewesen sein könnte, worüber Josef nachdachte, als ihm der Engel zu Hilfe kam, die nächste Stufe auf seinem geistlichen Weg zu nehmen.

Markus 1,3-6 Eine Stimme in der Wüste

³ Eine Stimme ruft in der Wüste: Bereitet dem Herrn den Weg! Ebnet ihm die Straßen!

⁴ So trat Johannes der Täufer in der Wüste auf und verkündigte Umkehr und Taufe zur Vergebung der Sünden.

⁵ Ganz Judäa und alle Einwohner Jerusalems zogen zu ihm hinaus; sie bekannten ihre Sünden und ließen sich im Jordan von ihm taufen.

⁶ Johannes trug ein Gewand aus Kamelhaaren und einen ledernen Gürtel um seine Hüften, und er lebte von Heuschrecken und wildem Honig.

Stimme eines Rufers in der Wüste: *Bahnt für den Herrn einen Weg durch die Wüste! Baut in der Steppe eine ebene Straße für unseren Gott! Jedes Tal soll sich heben, jeder Berg und Hügel sich senken. Was krumm ist, soll gerade werden, und was hüglig ist, werde eben. Dann offenbart sich die Herrlichkeit des Herrn, alle Sterblichen werden sie sehen. Ja, der Mund des Herrn hat gesprochen* (Jes 40,3-5).

In seltener Einmütigkeit stellen die Evangelisten das Leben und Wirken Johannes des Täufers unter dieses Motto. Johannes, jene hagere Gestalt unter dem Kreuz des berühmten Grünewald-Altars in Colmar, die mit ihren Blicken den Betrachter fixiert, mit ihrem ausgestrecktem Finger auf den Gekreuzigten weist und so eine Linie zwischen Mensch und Gott formt. Über ihm steht: *Illum opportet crescere, me autem minui* – Er muss wachsen, ich aber muss kleiner werden. Stimme eines Rufers in der Wüste.

Es ist schon spannend zu sehen, wie sehr sich die Verheißungen des Alten Testaments erfüllt haben. Johannes der Täufer wird uns geschildert als der angekündigte Vorläufer des erwarteten Messias, der wiederkehrende Prophet Elija, der schon einmal das Volk zum wahren Glauben im Kampf gegen den Baalskult führte (1 Kön 18).

Wadi Og in der judäischen Wüste. Nur im Winter führt der nördlichste Zufluss des Toten Meeres Wasser.

Vox clamantis in deserto: Bereitet dem Herrn den Weg (Jes 40,3)!

Ja, aus der Wüste, dem unfruchtbaren Land, kam das berufene Volk Gottes, um im Land des Versprechens Fuß zu fassen. Jeder Anfang, jeder Neubeginn des Volkes, sobald ihm seine Fehler und Sünden klar vor Augen stehen, muss deshalb zurück in die Wüste. Sie ist der Ort der Einsamkeit, des Fastens, der Besinnung und der Umkehr. Nirgends sonst, bar jeden Komforts, fern der Zivilisation und Versorgung, ist der Mensch sich selbst näher, seiner Menschlichkeit bewusster, seiner Geschöpflichkeit und damit seinem Schöpfer mehr gewahr als mitten im Nirgendwo ewig gleicher, sengender Wüste, die das Leben an sich infrage stellt und zur Reflexion zwingt.

Wir sind im Heiligen Land umgeben von Wüsten, dem Negev, dem Sinai; Sand, Sonne, Durst. Ausgetrocknet, leer, dürr, nur an kurzen Momenten des Jahres sattes Grün dank des Regens, der vom Himmel kommt.

Deshalb treffen wir auch auf Johannes in der Wüste; *jetzt ist er da, der rettende Sieg, die Macht Gottes und seines Gesalbten* (Offb 12,10)!

Johannes zitiert den Propheten Jesaja, der uns darüber belehrt, woran der wahre Messias zu erkennen ist. Aus dem Baumstumpf Isais entstammt er, aus der Wurzel Jesse, also aus dem Haus und der Familie des Königs David, Sohn Jesses aus Bethlehem. Dieser Nachkomme wird gesegnet mit dem Geist des Herrn, näher ausgeführt als *Weisheit* und *Einsicht*, *Rat* und *Stärke*, *Erkenntnis* und *Gottesfurcht* (Jes 11,2).

Gottesfurcht wird eigens betont und wiederholt, so sehr, dass der *Geist des Herrn* gleichsam eins ist mit dem *Geist der Gottesfurcht*. Vermehrt um die Gabe der *Frömmigkeit* sind dies die *Sieben Gaben des Heiligen Geistes*, die wir gerade in der Firmung bittend-singend herabflehen.

Weisheit kann bereits reiche Lebenserfahrung, der sprichwörtliche Hausverstand und Bauernschläue, und ihr Nutzen für das Gelingen des Lebens sein; *Einsicht* meint das Verstehen und Analysieren von wirkursächlichen Zusammenhängen, den einzelnen Momenten, die Leben als Ganzes bestimmen. *Rat* nimmt bereits den Mitmenschen in den Blick, dem zu Hilfe zu eilen ist, beizustehen mit Erklärungen, Erhellungen auf dem Boden des Verstandenen, Eingesehenen. *Stärke* bedeutet Konsequenz, Loyalität, auch angesichts von Verwerfung und Widerspruch. *Erkenntnis* schließlich erhebt sich zur Seriosität der Wissenschaft, der

Arbeit, der Verantwortung und Moral. *Gottesfurcht* aber kehrt an den Anfang zurück und umgreift diese alle: Sie ist das Fundament, das den einzelnen Gaben Gestalt und Kraft gibt, sie ist die Basis, der Antrieb für die Achtung seiner selbst und des Nächsten.

Ein zu den Gaben des *Handelns* und *Wirkens* und *Denkens* und *Räsonierens* befähigter Mensch ist mehr als die Summe seiner Elemente: Er ist mit Geist begabt, den er nicht *macht*, sondern der ihm *zukommt*, von außen, von oben, von innen. So verbieten sich Mord und Selbstmord, Gewalt und Zwietracht, Neid und Hass, Ungeborenes zu töten wie Sterbendes vermeintlich zu erlösen. Wenn Menschen ihren Blick, ihren Sinn nicht zum Himmel – Symbol der Transzendenz – erheben, erlischt mit der *Gottesfurcht* zuerst die *Menschenachtung*.

Jesaja erhellt uns, wie wir uns das vorstellen sollen (Jes 11,4): *Nicht nach Augenschein und Hörensagen urteilen, dem Hilflosen helfen, den Armen zu ihrem Recht verhelfen; zu schlagen* den Gewalttätigen *mit dem Stock des Wortes*, nicht physisch, handgreiflich, sondern überlegen, bescheiden; den Schuldigen töten mit dem Hauch seines Mundes, nicht physisch, handgreiflich, sondern sanft und überzeugend, sodass am Ende Beschämung und Einsicht neues Leben schenken. *Gerechtigkeit und Treue* sind, was einem solchem Menschen Stärke und Bestand verleiht.

Es bleibt spannend zu sehen, wie sehr sich die Verheißungen des Alten Testaments in diesem gekommenen Messias Jesus von Nazaret erfüllt haben. Jede Episode seines Lebens, jede Seite des Evangeliums schildert uns derlei aus seinem Leben aus der Ewigkeit Gottes, zu der auch wir berufen sind, sobald wir uns aus der Kurzsichtigkeit alles Erdhaften lösen, Mensch werden, so wie Gott es wurde.

Lukas 1,39-56 Erfüllt vom Heiligen Geist

³⁹ Nach einigen Tagen machte sich Maria auf den Weg und eilte in eine Stadt im Bergland von Judäa.

⁴⁰ Sie ging in das Haus des Zacharias und begrüßte Elisabet.

⁴¹ Als Elisabet den Gruß Marias hörte, hüpfte das Kind in ihrem Leib. Da wurde Elisabet vom Heiligen Geist erfüllt

⁴² und rief mit lauter Stimme: Gesegnet bist du mehr als alle anderen Frauen, und gesegnet ist die Frucht deines Leibes.

⁴³ Wer bin ich, dass die Mutter meines Herrn zu mir kommt?

⁴⁴ In dem Augenblick, als ich deinen Gruß hörte, hüpfte das Kind vor Freude in meinem Leib.

⁴⁵ Selig ist die, die geglaubt hat, dass sich erfüllt, was der Herr ihr sagen ließ.

⁴⁶ Da sagte Maria: Meine Seele preist die Größe des Herrn,

⁴⁷ und mein Geist jubelt über Gott, meinen Retter.

⁴⁸ Denn auf die Niedrigkeit seiner Magd hat er geschaut. Siehe, von nun an preisen mich selig alle Geschlechter.

⁴⁹ Denn der Mächtige hat Großes an mir getan, und sein Name ist heilig.

⁵⁰ Er erbarmt sich von Geschlecht zu Geschlecht über alle, die ihn fürchten.

⁵¹ Er vollbringt mit seinem Arm machtvolle Taten: Er zerstreut, die im Herzen voll Hochmut sind;

⁵² er stürzt die Mächtigen vom Thron und erhöht die Niedrigen.

⁵³ Die Hungernden beschenkt er mit seinen Gaben und lässt die Reichen leer ausgehen.

⁵⁴ Er nimmt sich seines Knechtes Israel an und denkt an sein Erbarmen,

⁵⁵ das er unsern Vätern verheißen hat, Abraham und seinen Nachkommen auf ewig.

⁵⁶ Und Maria blieb etwa drei Monate bei ihr; dann kehrte sie nach Hause zurück.

Wo ist eigentlich Zacharias, der stumme Mann Elisabets? Im Evangelium ist nur davon die Rede, dass Maria in sein Haus einkehrte, Elisabet zu besuchen, nicht aber, dass sie auch Zacharias gesehen hätte.

Auch war der gute Priester nicht immer schon stumm: Zungen-lahm ist er erst seit Kurzem, seit er die Botschaft des Engels Gabriels wagte, kritisch zu hinterfragen, der ihm im Tempel erschien und die Geburt eines Sohnes ankündigte. Bis nun dieser Johannes geboren werde, werde er stumm bleiben; zur Mahnung und zur Bestätigung, das Wort Gottes nicht zu bezweifeln und vor allem Volk zu bezeugen.

Hier gibt es gewisse Struktur-Analogien zwischen den beiden Frauen Elisabet und Maria, ihre Verwandte.

Bei beiden ist es der Engel Gabriel, der – laut Selbstvorstellung – jener ist, der direkten Zugang zu Gottes Thron hat, direkt vor ihm steht und deshalb auch direkt von ihm Befehle erhält. Im himmlischen Hofstaat mit allen möglichen Untergruppierungen wahrlich keine Selbstverständlichkeit: ein Engelsfürst ist dieser Bote.

Es ist derselbe Gabriel, der einmal zu Maria und einmal zu Zacharias geschickt wird; beide Male, um die Geburt eines Sohnes anzukündigen, mit dem Gott Großes vorhat.

Ob es Zufall oder Fügung ist, vielleicht späterer schriftstellerischer Kniff des Evangelisten, dass diese beiden Kinder miteinander verwandt sein müssen? Manchmal liegt das ja auch noch in unseren Verwandtenkreisen: Ähnlichkeiten des Charakters und Interesse für Ähnliches, wie etwa die Liebe zur Heiligen Schrift und zu Gott.

Während Maria uns als ganz jung vorgestellt wird, wird Elisabet als im vorgerückten, aber immerhin noch gebärfähigen Alter präsentiert. Die eine schätzt die kritische Forschung auf etwa 15 Jahre (damals wie heute im Orient heiratsfähiges Alter), die andere dürfte sich bei etwa 40 Jahren einpendeln (damals wie heute werden Schwangerschaften in diesem Lebensabschnitt bestaunt und besprochen).

Bei der einen – Maria – führt die plötzliche Schwangerschaft zu Gerede und Gerüchten, der Verlobte fürchtet um seinen und ihren Ruf; bei der anderen – Elisabet – nimmt die plötzliche Schwangerschaft den Makel hinweg, der damals wie heute einer Frau anhaftet, wenn sie trotz allem Wollem und Proben immer noch nicht gebar. Bei der Ersteren – interessant genug – war nie ein solcher biologischer oder gesellschaftlicher Makel vorhanden; selbst nach ihrem Gebären erscheint sie ganz rein.

Auch die Reaktion der beiden betroffenen Männer ist vergleichbar; beide brauchen einen Engel, um zu begreifen, wie im wahrsten Sinne des Wortes plötzlich der heitere Himmel sich in ihr persönliches Leben einmischt. Den einen plagt die Nachrede seiner Mitmenschen, den anderen die Realisierbarkeit des göttlichen Nachwuchswunsches angesichts um sich greifenden körperlichen Verfalls.

Die Herren sind viel zu sehr mit sich und ihren Mitmenschen beschäftigt, als dass sie Gott zu Wort kommen und wirken lassen. Der eine will sich aus dem Staub machen, der andere geht aus, wenn Besuch kommt.

Nicht so die Frauen. *Erfüllt vom Heiligen Geist* (Lk 1,41), was immer heißt: offen für eine Realität, die dem Banalen des Alltags nicht das letzte Wort lässt, räumen sie Gottes Wort und Willen Raum in ihrem Leben und sogar in ihrem Schoß ein. So entsteht Neues, so lohnt sich Leben, so rechnet sich das Warten und Hoffen. Wenn wir das Unerwartete, das scheinbar Unmögliche, ja das Über-Irdische nicht ängstlich abwehren, sondern freudig empfangen, eröffnet sich uns ein neues, ein größeres Ziel.

Jesaja 9,1-6 Ein helles Licht geht auf

¹ Das Volk, das im Dunkel lebt, sieht ein helles Licht; über denen, die im Land der Finsternis wohnen, strahlt ein Licht auf.

² Du erregst lauten Jubel und schenkst große Freude. Man freut sich in deiner Nähe, wie man sich freut bei der Ernte, wie man jubelt, wenn Beute verteilt wird.

³ Denn wie am Tag von Midian zerbrichst du das drückende Joch, das Tragholz auf unserer Schulter und den Stock des Treibers.

⁴ Jeder Stiefel, der dröhnend daherstampft, jeder Mantel, der mit Blut befleckt ist, wird verbrannt, wird ein Fraß des Feuers.

⁵ Denn uns ist ein Kind geboren, ein Sohn ist uns geschenkt. Die Herrschaft liegt auf seiner Schulter; man nennt ihn: Wunderbarer Ratgeber, Starker Gott, Vater in Ewigkeit, Fürst des Friedens.

⁶ Seine Herrschaft ist groß, und der Friede hat kein Ende. Auf dem Thron Davids herrscht er über sein Reich; er festigt und stützt es durch Recht und Gerechtigkeit, jetzt und für alle Zeiten. Der leidenschaftliche Eifer des Herrn der Heere wird das vollbringen.

Das Volk, das im Dunkeln lebt, sieht ein helles Licht; über denen, die im Land der Finsternis wohnen, strahlt ein Licht auf, so der Text aus dem Propheten Jesaja (Jes 9,1ff.). Wir kennen ihn so sehr als Weihnachtstext, als Verheißung auf die Geburt des kommenden Messias, dass uns sein ursprünglicher Gehalt abhandenkommt.

Jesaja, der Prophet, und seine Schüler sprechen zu einem Israel in Unterdrückung, fern der Heimat in Finsternis und Dunkel lebend, ausgebeutet und geknechtet. Das Exil erscheint vielen Frommen als gerechte Strafe für die Taten des Volkes, seiner Führer und jedes Einzelnen in ihm; die Vergeltung war angekündigt, die

Abkehr von dem einen einzig wahren Gott konnte nicht ohne Folgen bleiben. Gott war es, der Babylon stark werden ließ, nicht zuletzt, um seinen Zorn an Israel zu vollstrecken.

Doch Gottes Zorn im Gegensatz zu seiner Liebe, sein Zorn, so schrecklich und gerecht, so schrecklich gerecht er auch ist, er dauert nicht ewig – im Gegensatz zu seiner Liebe. Gott erbarmt sich seines Volkes und verheißt durch seinen Propheten eine neue, bessere Zukunft in der alten, neu-zugesagten Heimat.

Dieselbe Gedankenfigur, denselben Argumentationsgang pflegen die Weisen Israels auch nach der zweiten Zerstörung des Tempels durch die Römer. Antworten auf die drängenden existenziellen Fragen jeder Zeit und Gegenwart werden immer in den Heiligen Schriften – wo auch sonst? – gesucht und gefunden.

Das Volk wird unterdrückt, doch Gottes gerechter Zorn dauert nicht ewig; das Heil, die lichtvolle Zukunft kommt so sicher wie das Morgenrot. Nach der Vernichtung des Krieges: die Heimkehr in ein altes, neues Land.

Diese Gedankenfigur, dieser Argumentationsgang ist älter als der Holocaust, älter auch als das babylonische Exil: Es ist der Exodus selbst, die Befreiung des versklavten Hauses Israel aus der Knechtschaft in Ägypten, der beschreibt, wie Israel sich Heil, Rettung, Erlösung vorstellt.

Jesaja erinnert sich der Knechtschaft in Ägypten, des Auszugs aus dem Sklavenhaus, des *ersten* Exodus und beschreibt das Ende der babylonischen Unterdrückung als *neuen* Exodus, als Zug durch die Wüste, vorwärts zurück in das alte, neue Land.

Du zerbrichst das drückende Joch, das Tragholz auf unserer Schulter und den Stock des Treibers (Jes 9,3). Dies Wort Jesajas passt auf Babylon wie auf Ägypten wie auch auf die Menschwerdung des Gottessohnes.

Warum lesen wir dies und nichts anderes an Weihnachtstagen? Warum die Rückkehr zu den Tagen der Knechtschaft in Ägypten, in Babylon inmitten der Freude von Weihnachten? Warum nichts Lichteres, nichts Glorreicheres, nicht Königstexte, nicht Hirtengeschichten, nicht Jungfrauengeburten?

In Jesajas Prophetie *Denn uns ist ein Kind geboren, ein Sohn ist uns geschenkt* (Jes 9,5) finden die Zeitzeugen des Geschehens die Erklärung für das Licht über Bethlehem, die Könige im Stall, die Vieh-Hirten angeführt von englischen Scharen. Ja, ein Spross des Hauses David ward einst verheißen; hier in Bethlehem, der Stadt Davids, ist dieser Spross nun geboren, dem Sohne Davids, Josef, Marias Angetrautem.

Von diesem Kleinen, ins Stroh gelegten Unscheinbaren wird erwartet: Befreiung, Erlösung, Heil aus Knechtschaft, Unterdrückung, Sklaverei. Er ist der lang Ersehnte, Er der heiß Geliebte, Er der einzig Wahre, niemand sonst, nur Er.

Freilich, es kam anders. Der Verheißungsvolle stirbt qualvoll den Tod eines Verbrechers.

Und dennoch bleiben Christen dabei: Er, dieser Selbe ist Erlöser und Herr. Anders aber, als sich die Alten das bislang vorstellten. Nicht von politischen Widrigkeiten, nicht von Machtgelüsten dieser oder jener irdischer Potentaten befreit er, sondern tiefer, umfassender noch, von Qualen und Ängsten, die nicht begrenzt auftreten wie Hunger und Krieg, sondern immer und unterirdisch sind, von Tod und Teufel, von Strukturen des Bösen, die er durchbricht, von der Krankheit zum Tode, von der er heilt. Sein Werk überdauert die Zeiten, überlebt die Reiche, führt von hier in die wahre Heimat.

Was meint das?

Die Angst vor dem Tod, vor Krankheit und Sterben-Müssen, vor Verlassen-Werden und Einsamkeit, vor Gewalt und Kälte und Hunger, der leiblichen und geistigen, die Angst vor der Zukunft und die Angst vor dem Leben, die Angst vor dem Dunkel und der Finsternis, des Lebens und des Todes haben in diesem Sohn ihr Ende gefunden.

Es gibt für jene, die Weihnachten feiern, keinen Grund, nicht hoffnungsfroh durchs Leben dem Herrn entgegenzugehen.

Wie geht das?

Zu leben den Glauben an den Herrn und Erlöser, den kleinen Jesus, den großen Gottessohn, ist keine Glaubensfrage, es ist eine Gewöhnungssache. Eine Frage von Erziehung und Übung, eine Frage von Regelmäßigkeit und Konsequenz. *Die Gnade Gottes ist erschienen, um alle Menschen zu retten. Sie erzieht uns dazu, uns von der Gottlosigkeit und den irdischen Begierden loszusagen, und besonnen, gerecht und fromm in dieser Welt zu leben, während wir auf die selige Erfüllung unserer Hoffnung warten: auf das Erscheinen der Herrlichkeit unseres großen Gottes und Retters Christus Jesus* (Tit 2,11-13).

Es ist ja wohl nicht Zufall, dass die Kirche so beharrlich daran festhält, der Geburt Jesu in der Mitte der Nacht zu gedenken. Inmitten der Nacht, der Dunkelheit an ihrem Höhepunkt, ihrer tiefsten Fülle strahlt Licht auf.

Inmitten der eigenen Nacht, der eigenen Dunkelheit aus vielen oder einem Grund soll Christus eintreten können, inmitten meines Ichs, mitten ins Herz, damit auch du dich wiederfindest in der alten Weissagung Jesajas: *Das Volk, das im Dunkeln lebt, sieht ein helles Licht* (Jes 9,1).

Lukas 2,1-19
In jenen Tagen erließ Kaiser Augustus

¹ In jenen Tagen erließ Kaiser Augustus den Befehl, alle Bewohner des Reiches in Steuerlisten einzutragen.

² Dies geschah zum ersten Mal; damals war Quirinius Statthalter von Syrien.

³ Da ging jeder in seine Stadt, um sich eintragen zu lassen.

⁴ So zog auch Josef von der Stadt Nazaret in Galiläa hinauf nach Judäa in die Stadt Davids, die Betlehem heißt; denn er war aus dem Haus und Geschlecht Davids.

⁵ Er wollte sich eintragen lassen mit Maria, seiner Verlobten, die ein Kind erwartete.

⁶ Als sie dort waren, kam für Maria die Zeit ihrer Niederkunft,

⁷ und sie gebar ihren Sohn, den Erstgeborenen. Sie wickelte ihn in Windeln und legte ihn in eine Krippe, weil in der Herberge kein Platz für sie war.

⁸ In jener Gegend lagerten Hirten auf freiem Feld und hielten Nachtwache bei ihrer Herde.

⁹ Da trat der Engel des Herrn zu ihnen, und der Glanz des Herrn umstrahlte sie. Sie fürchteten sich sehr,

¹⁰ der Engel aber sagte zu ihnen: Fürchtet euch nicht, denn ich verkünde euch eine große Freude, die dem ganzen Volk zuteil werden soll:

¹¹ Heute ist euch in der Stadt Davids der Retter geboren; er ist der Messias, der Herr.

¹² Und das soll euch als Zeichen dienen: Ihr werdet ein Kind finden, das, in Windeln gewickelt, in einer Krippe liegt.

¹³ Und plötzlich war bei dem Engel ein großes himmlisches Heer, das Gott lobte und sprach:

¹⁴ Verherrlicht ist Gott in der Höhe, und auf Erden ist Friede bei den Menschen seiner Gnade.

¹⁵ Als die Engel sie verlassen hatten und in den Himmel zurückgekehrt waren, sagten die Hirten zueinander: Kommt, wir gehen nach Betlehem, um das Ereignis zu sehen, das uns der Herr verkünden ließ.

¹⁶ So eilten sie hin und fanden Maria und Josef und das Kind, das in der Krippe lag.

¹⁷ Als sie es sahen, erzählten sie, was ihnen über dieses Kind gesagt worden war.

¹⁸ Und alle, die es hörten, staunten über die Worte der Hirten.

¹⁹ Maria aber bewahrte alles, was geschehen war, in ihrem Herzen und dachte darüber nach.

Betrachten wir gemeinsam dieses Evangelium der hochheiligen Nacht, was es uns bedeuten will in seinen einzelnen Bemerkungen. Lukas erzählt uns wesentlich mehr als eine altbekannte, oft gehörte Geschichte.

In jenen Tagen erließ Kaiser Augustus den Befehl, alle Bewohner des Reiches in Steuerlisten einzutragen. Dies geschah zum ersten Mal; damals war Quirinius Statthalter von Syrien (Lk 2,1).

Der Evangelist schreibt seinen Bericht des Lebens Jesu – wie er uns ganz zu Beginn wissen lässt – für Theophilus, seinen Freund und Zeitgenossen. Dessen Name ist Lebensmotto und -inhalt: *Theo-philus,* jener, der Gott liebt, ihn sucht und zu erkennen trachtet, sein Leben an ihm ausrichten will und ihm dient.

Der Hinweis auf den römischen Imperator Augustus in Verbindung mit dem Namen des damaligen Statthalters einer ganz bestimmten Region im großen Reich ist so etwas wie eine Orts- und Zeitangabe. Nicht irgendwann und irgendwo, versunken in der Unbestimmtheit vergangener Geschichte, hat sich dies – was uns damals und heute zu Ohren kommt – zugetragen, sondern an einem konkreten Ort zu einer bestimmten Zeit.

Dieses Kind, dieser Jesus, an den wir glauben, gehört nicht in das Reich der Legenden und phantastischen Märchen, er war Teil unserer Zeit und Welt. Das unterscheidet den neuen christlichen Glauben grundlegend von aller heidnischen Mythologie, deren Träger und Rollen eher sinnbildlich die wiederkehrenden Situationen des Lebens beschreiben, aber auch nicht mehr. Hinter jedem Individuum bleiben sie zurück.

Augustus, der Kaiser, galt seiner Zeit als Friedensbringer, als Wohltäter, als Retter aus dem jahrzehntelangen Unglück des Bürgerkrieges. Friede und Wohlstand entfalteten sich in seiner Regentschaft.

Eigenartig genug schreibt der Dichter Vergil bereits vor der Zeit des Augustus ein Gedicht, in dem er die Geburt eines göttlichen Kindes ankündigt, das der ganzen Welt den Frieden bringt. Im Cäsar Augustus galt vielen Menschen dieser Epoche dieses „Goldene Zeitalter" als gekommen und vollendet.

Lukas stellt nun seine Weihnachtsgeschichte in dieses Licht. Nicht ein menschlicher Herrscher ist das erwartete göttliche Kind, sondern der Knabe, von dem er uns erzählt. Lediglich dieser vermag endgültig und für immer, was Augustus nur für die kurze Dauer seines Lebens gelingen sollte: *Friede den Menschen auf Erden.*

Vom ersten Augenblick seines irdischen Lebens tritt Christus in Konkurrenz zur irdischen Macht. *Ihr müsst Gott mehr gehorchen als dem Mammon* (Lk 16,13). Seine Macht reicht tiefer, weiter, umspannt Raum und Zeit.

So zog auch Josef von der Stadt Nazaret in Galiläa hinauf nach Judäa in die Stadt Davids, die Betlehem heißt; denn er war aus dem Haus und Geschlecht Davids (Lk 2,4).

Es gibt sie also noch, die alte Königsfamilie, die schon lange nicht mehr über Israel regierte, von der die Frommen aber immer noch alles erhoffen. Gott kann doch sein eigenes Wort, sein Versprechen nicht vergessen! Er wird halten, was seine Propheten verheißen: *Seht, die Jungfrau wird empfangen und einen Sohn wird sie gebären* (Jes 7,14). *Aus dir, Betlehem-Efrata, wird mir einer hervorgehen, sein Ursprung liegt in ferner Vorzeit* (Micha 5,1).

Hervorgehen im griechischen Urtext ist nicht ein bloßes *Auftreten*, sondern ein *Erscheinen*, ein *Aufstrahlen*, dasselbe Verbum, das das Aufleuchten, das Aufblitzen eines neuen Sternes am Himmelsgewölbe beschreibt, das allmorgendliche

Aufgehen der Sonne aus dem Dunkel der Nacht. Deshalb also muss Christus in der Mitte der Nacht geboren werden; deshalb steht ein heller Stern über Bethlehem: Dieser Neugeborene erfüllt jede Traurigkeit mit hellstem Licht der Lebensfreude.

Er wollte sich eintragen lassen mit Maria, seiner Verlobten, die ein Kind erwartete (Lk 2,5).

Auch unsere deutsche Übersetzung trennt Josef, dessen Name hier nicht wiederholt wird, ganz weit von dem erwarteten Kind seiner Verlobten am Satzende. Kein Wort, dass er der Vater dieses Sprosses wäre. Diese Distanz öffnet den Raum für Gottes Geist, dem sich dieses Ereignis verdankt. Wir Heutigen, aufgeklärten Zeitgenossen haben so unsere liebe Not mit dem Thema der Jungfrauengeburt. Das Evangelium nicht; es spricht hier nicht – wie manche gerne händeringend vorschieben wollen, um die Gemüter zu beruhigen – von einer *almah*, einem jungen Mädchen, sondern tatsächlich von einer *parthénos*, dem medizinisch-technischen, griechischen Fachausdruck aus dem Vokabular der Ärzte für *Jungfrau*.

Wie sollte ein Gott, dem alles Leben und Welten sein uranfängliches Entstehen verdankt, nicht fähig sein können, auch inmitten der Zeit ein Kind zu zeugen, sein Wort an den Menschen Gestalt annehmen zu lassen? Sollte Gott nicht können, was Menschen jederzeit können?

Uns ist die Selbstverständlichkeit der Anwesenheit Gottes in unserer Zeit verloren gegangen; was aber ja nicht heißen kann, dass er sich zurückgezogen habe, nichts mehr mit uns zu tun haben will, sondern andersrum bedeutet, dass wir uns entfernt haben aus *Seiner Gegenwart*.

Wenn Wunder selten werden und nicht mehr selbstverständlich sind, dann weil unsere Herzen sie nicht mehr erwarten und Gott nicht zutrauen. Zu Unrecht.

*Als sie dort waren, kam für Maria die Zeit ihrer Niederkunft
und sie gebar ihren Sohn, den Erstgeborenen* (Lk 2,6).

Wie auch heute in semitischen Sprachen unterscheidet man nicht im Kontext einer umfangreichen Großfamilie zwischen Geschwistern im leiblichen Sinn und seinen Bruderschwestern und Schwesterkindern, seinen Cousins also. Fällt uns denn nicht auf, wie leicht wir gerade in dieser Weltgegend des Orients zu

Brüdern werden („you are my brother", spricht der Händler) und wollen dennoch in den Brüdern und Schwestern Jesu im Neuen Testament seine leiblichen Geschwister erkennen?

Auch dies hier, „Erstgeborener", ist nicht Beweis des Gegenteils, nicht der Erste in der Reihe von weiteren, sondern der Allererste und Einzige, dem Recht und Titel, Würde und Erbe zustehen. Das alttestamentliche Gesetz bestimmt alle Erstgeburt als Gottes Eigentum; deshalb werden Maria und Josef alsbald in den Tempel ziehen, um ihren Erstgeborenen symbolisch auszulösen.

Sie wickelte ihn in Windeln und legte ihn in eine Krippe, weil in der Herberge kein Platz für sie war (Lk 2,7).

Lukas hat ein besonderes Gespür für die Menschlichkeit Gottes, die er in der Geburt Jesu annahm, auf sich nahm, um einer von uns zu werden.

Ein Kind, ein Neugeborenes rührt uns an, erreicht unsere Emotionen und weckt gleichsam automatisch unsere Liebe und unseren Beschützerinstinkt. Nichts ist unschuldiger als dieses, nichts zeigt deutlicher, dass hier etwas ganz Neues, Einmaliges seinen Anfang nimmt. Unser Gott lässt sich in Windeln wickeln – Zeichen für seine umfassende Menschheit, Zeichen für seine umfassende Liebe zu uns, die nicht Halt macht vor dem Ekel unserer Niedrigkeit.

Die Legende weiß, dass aus ein und demselben Baum das *Holz der Krippe* und das *Holz des Kreuzes* stammte. Mag dies historisch fragwürdig bleiben, der Inhalt könnte zutreffender nicht sein. In der Annahme menschlichen Lebens liegt bereits der Keim des Todes gesät. Und dennoch erstrahlen wir, sind wir glücklich, wenn sich Zuwachs in unseren Familien einstellt; wir denken nicht daran, dass es letzten Endes besser wäre, nicht geboren worden zu sein und also nicht sterben zu müssen. Dieses Kind hier aber ist anders. Es durchbricht den Kreislauf von Werden und Vergehen, weil Gott in unsere Welt trat, um diese Welt zu sich zu holen.

Kein Platz in der Herberge. Die Wirte hatten sicher gute, nachvollziehbare Gründe: ausgebucht, keine Ressourcen mehr, man hat ja schließlich nichts zu verschenken.

Auch heute suchen Menschen Herberge, Zuwendung, ein Zuhause und ein Behütetwerden; die Schwachen, Ausgestoßenen und Randfiguren unserer Zeit. Auch wir haben gute Gründe genug, nicht Herberge und nicht Wärme zu gewähren. Die Mittel sind knapp, die Ressourcen erschöpft.

Beschönigen wir nicht und machen uns nichts vor: Unser Verhalten entspricht oftmals nicht der Lehre unseres Glaubens. Hat Christus die Not der Armut und der Einsamkeit nicht gescheut, wie dürfen wir sie abweisen, wie dürfen wir uns wundern, wenn wir selbst in diese Situation geraten? Lernen wir aus dem Vorbild Jesu, das Schlechte in das Gute zu verwandeln. Möglichkeiten bieten sich jeden Tag.

In jener Gegend lagerten Hirten auf freiem Feld und hielten Nachtwache bei ihrer Herde. Da trat der Engel des Herrn zu ihnen, und der Glanz des Herrn umstrahlte sie (Lk 2,8).

Wir wussten es vorher, aber wie mag es den Hirten zumute gewesen sein, als plötzlich der Himmel sich auftut, Engel erscheinen und den Anfang vom Ende verkünden? Sie fürchteten sich, heißt es; zu Recht. Engeln, den Boten Gottes gegenüberzustehen, soll auch etwas Ergreifendes, Erschütterndes an sich haben. Das passiert nicht alle Tage, dass der Himmel in unsere Zeit tritt. Es sind nicht die Großen des Reiches, Herodes und die Seinen, Augustus, der Gegenspieler, denen die Botschaft zuteil wird. Dieser Friedensbringer diktiert nicht von oben herab, sondern eifert um Sympathie, Liebe und Gefolgschaft von ganz unten, den einfachen Menschen, unverbildet und unvoreingenommen, unbedarft und vielleicht ein wenig naiv sogar diese Hirten, doch mit weitem Herzen und wachem Glauben, wunderempfänglich und dürstend nach Gerechtigkeit.

Als die Engel sie verlassen hatten und in den Himmel zurückgekehrt waren, sagten die Hirten zueinander: Kommt, wir gehen nach Betlehem, um das Ereignis zu sehen, das uns der Herr verkünden ließ (Lk 2,15).

Wir tun selbiges, nach Bethlehem pilgern, um zu sehen. *Transeamus usque Betlehem.* transeo, transire beschreibt das Hinübergehen von A nach B, vom Hirtenfeld zur Krippe, von Beit Sahour nach Bethlehem. Es meint aber auch überschreiten, übersteigen, alles hinter sich zu lassen und sich zu neuen Ebenen erheben. *Transeamus usque Betlehem* – übertreffen wir uns selbst, wenn wir nach Bethlehem gehen, lassen alles Erdhafte, das uns nach unten zieht, hinter uns, erheben wir uns in göttliche Sphären, erheben wir unsere Herzen zu Gott, dann sehen wir die Herrlichkeit Gottes, die Fleisch wurde in unserer Welt.

Maleachi 3,19-24 Die Sonne der Gerechtigkeit

¹⁹ Denn seht, der Tag kommt, er brennt wie ein Ofen: Da werden alle Überheblichen und Frevler zu Spreu, und der Tag, der kommt, wird sie verbrennen, spricht der Herr der Heere. Weder Wurzel noch Zweig wird ihnen bleiben.

²⁰ Für euch aber, die ihr meinen Namen fürchtet, wird die Sonne der Gerechtigkeit aufgehen, und ihre Flügel bringen Heilung. Ihr werdet hinausgehen und Freudensprünge machen, wie Kälber, die aus dem Stall kommen.

²¹ An dem Tag, den ich herbeiführe, werdet ihr die Ruchlosen unter euren Fußsohlen zertreten, sodass sie zu Asche werden, spricht der Herr der Heere.

²² Denkt an das Gesetz meines Knechtes Mose; am Horeb habe ich ihm Satzung und Recht übergeben, die für ganz Israel gelten.

²³ Bevor aber der Tag des Herrn kommt, der große und furchtbare Tag, seht, da sende ich zu euch den Propheten Elija.

²⁴ Er wird das Herz der Väter wieder den Söhnen zuwenden und das Herz der Söhne ihren Vätern, damit ich nicht kommen und das Land dem Untergang weihen muss.

Von Zeit zu Zeit passiert es, dass Unerwartetes uns aufmerken lässt, dass Unvorhersehbares unseren Tag durchkreuzt und uns gar zu denken gibt: Ein Mensch verhält sich anders als erwartet, ganz gegensätzlich zur Allgemeinheit, gegensätzlich zu dem, was ich jetzt tun würde.

Jemand stellt sich auf die Seite der Ausgestoßenen, nimmt sich Zeit für Kranke, gibt nichts auf die Vorurteile.

Geburtskirche in Betlehem. Detail des 14-zackigen Sterns in der Geburtsgrotte, in der nach der Tradition Jesus geboren wurde.

Jemand ergreift Partei für jene, die keine Partei für sich haben, macht den Mund auf bei sozialem Unrecht, bei Fragen der Menschenwürde.

Jemand bezieht Position, schwimmt gegen den Strom der Wortgewaltigen an den Stammtischen, auch auf die Gefahr hin, sich unbeliebt zu machen.

Von Zeit zu Zeit rühren uns solche Menschen an, weil wir wissen, dass sie Gutes und Richtiges vor Augen haben, Wahres und Edles im Sinn führen.

Sie machen uns schweigen: Ihr Handeln verdient Anerkennung und Lob, ihr Handeln erstrahle als Vorbild für andere.

Sie machen uns schweigen: Mit Anerkennung und Lob für sie geben wir uns meistens auch zufrieden; sie sind halt bessere Menschen als andere.

Sie machen uns schweigen: Sie sind aber auch nur Menschen, Heilige vielleicht, aber sicher aus Fleisch und Blut wie wir, keine Übermenschen.

Von Zeit zu Zeit treten solche Menschen in unser Blickfeld, die sich mit dem schönen Schein nicht zufriedengeben; deren Lebenssinn sich nicht im Habenwollen erschöpft, deren Geist sich nicht im Konsum ersäuft.

Von Zeit zu Zeit leuchten solche Menschen der Menschheit als Sterne dessen, was dem Menschen möglich und aufgegeben wäre.

Einmal in der Zeit trat ein Mensch auf,
der das Vollmaß unserer Möglichkeiten ausschöpfte,
dessen Lebenssinn sich für andere verzehrte,
dessen Geist sich aus Höherem nährte,
dessen Leuchten im Dunkel unserer Welt sich niemals erschöpft.

Dieser *Eine* ist im Einklang mit sich selbst, im Reinen mit seinem Wollen und Tun, im Reinen mit seiner Herkunft und seinem Ziel; so sehr, dass die Grenze zwischen diesem einen guten Menschen und dem einen einzig Guten – Gott – aufgehoben ward, vor aller Zeit.

Siehe, das ist mein geliebter Sohn, an ihm habe ich Gefallen gefunden (Mk 1,11).

Was in manchen wenigen Menschen von Zeit zu Zeit aufleuchten mag, gelangt in diesem *Einen*, gelangt in Jesus, zur Vollendung. Ein für alle Mal und so für alle Zeiten.

Christus gleicht der ewigen Sonne. Ihre Strahlen sind im Angesicht der Menschen zu sehen und doch kann man ihren Weg nicht ergründen. Es ist denkbar einfach: Als Mensch wie wir führt er uns Menschen zu Gott, als Gott wie Er zeigt er uns endgültig dessen Absicht: göttliche Ewigkeit für uns Menschen.

Johannes 1,1-18
Und das Wort ist Fleisch geworden

¹ Im Anfang war das Wort, und das Wort war bei Gott, und das Wort war Gott.

² Im Anfang war es bei Gott.

³ Alles ist durch das Wort geworden, und ohne das Wort wurde nichts, was geworden ist.

⁴ In ihm war das Leben, und das Leben war das Licht der Menschen.

⁵ Und das Licht leuchtet in der Finsternis, und die Finsternis hat es nicht erfaßt.

⁶ Es trat ein Mensch auf, der von Gott gesandt war; sein Name war Johannes.

⁷ Er kam als Zeuge, um Zeugnis abzulegen für das Licht, damit alle durch ihn zum Glauben kommen.

⁸ Er war nicht selbst das Licht, er sollte nur Zeugnis ablegen für das Licht.

⁹ Das wahre Licht, das jeden Menschen erleuchtet, kam in die Welt.

¹⁰ Er war in der Welt, und die Welt ist durch ihn geworden, aber die Welt erkannte ihn nicht.

¹¹ Er kam in sein Eigentum, aber die Seinen nahmen ihn nicht auf.

¹² Allen aber, die ihn aufnahmen, gab er Macht, Kinder Gottes zu werden, allen, die an seinen Namen glauben,

¹³ die nicht aus dem Blut, nicht aus dem Willen des Fleisches, nicht aus dem Willen des Mannes, sondern aus Gott geboren sind.

¹⁴ Und das Wort ist Fleisch geworden und hat unter uns gewohnt, und wir haben seine Herrlichkeit gesehen, die Herrlichkeit des einzigen Sohnes vom Vater, voll Gnade und Wahrheit.

¹⁵ Johannes legte Zeugnis für ihn ab und rief: Dieser war es, über den ich gesagt habe: Er, der nach mir kommt, ist mir voraus, weil er vor mir war.

¹⁶ Aus seiner Fülle haben wir alle empfangen, Gnade über Gnade.

¹⁷ Denn das Gesetz wurde durch Mose gegeben, die Gnade und die Wahrheit kamen durch Jesus Christus.

¹⁸ Niemand hat Gott je gesehen. Der Einzige, der Gott ist und am Herzen des Vaters ruht, er hat Kunde gebracht.

Im Anfang war das Wort,
und das Wort war bei Gott,
und das Wort war Gott (Joh 1,1).

Hören Sie die Melodie im Hintergrund? Das ist nicht einfach nur ein Text; es ist ein Lied. Einen Hymnus nennen wir ein solches geistliches Wortgewebe, das rhythmisch formuliert ist, sodass es auch gesungen werden kann. Jedes Atemholen ist wohlgesetzt, jeder Vers umschließt eine Sinneinheit, jede Zeile ist inhaltsschwer. Besungen wird Christus, das Licht der Welt, das in die Welt kam, um alle Welt zu erleuchten.

An zwei Stellen wird das Lied unterbrochen; spürbar an Textbrüchen und neuer Rhythmik. Da geht es dann plötzlich nicht mehr um Christus, sondern um Johannes den Täufer, Christi Vorläufer und Wegbereiter, der wiedererstandene Prophet Elias, der vor dem Messias nochmals erscheinen muss, um das Volk vorzubereiten (Mk 9,12).

Im Anfang war das Wort erinnert an den Anfang von Zeit und Geschichte; an den Anfang der Schöpfung; an den Anfang des Buches Genesis; an den Anfang des Menschengeschlechtes in dieser Welt. *Und das Wort war*, nicht *es ist geworden*, dann hätte es ja einen Moment gegeben, an dem es noch nicht war. Das Wort war immer schon und von allem Anfang an gegenwärtig, wie ein Gedanke, den wir zuerst in unserem Herzen oder Denken bilden müssen, bevor wir ihn aussprechen können. Noch bevor ich es hören, sehen kann, existiert dieses Wort doch schon im Herzen Gottes.

Was im Griechischen Wort bezeichnet, ist nicht ein gemeines Wort, das sich einmal aussprechen lässt und danach ungehört verhallt. Dieses eine Wort meint *Sinn*, den wahren, großen, umfassenden, nie endenden, der immer war und sein wird. Wir können demnach sagen: Im Geheimnis von Weihnachten enthüllt sich der Sinn; das Ansinnen Gottes für uns Menschen, der Sinn des Lebens, der Welt und des Kosmos.

Und das Wort war bei Gott. Das Wort Gottes ist nicht einfach Gott; wenn es *bei ihm* sein kann, dann ist es von ihm zu unterscheiden. Ähnlich so, als wäre die Geliebte ganz auf ihren Liebenden hin zugeordnet, ja ohne ihn völlig kraft- und substanzlos.

Und das Wort war Gott. Die Schriftsteller der Bibel sind hier sehr genau. Das Wort war Gott; nicht das Wort war *der* Gott. *Der Gott* ist in der Bibel immer Gott der Vater. Das Wort, das bei ihm Gott ist, ist der Sohn. Er hat teil am Wesen des Vaters, aber ist nicht derselbe wie dieser.

Was manchmal so schwer erscheint, wir kaum begreifen wollen können, es steht hier in drei Zeilen: Unser Glaube an die Dreifaltigkeit. Vater und Sohn; der Geist ist das Band, das beide in ihrem Wesen verbindet, Liebe, die auf uns Menschen zielt.

Alles ist durch ihn geworden, und ohne das Wort wurde nichts, was geworden ist. In ihm war das Leben, und das Leben war das Licht der Menschen.
Und das Licht leuchtet in der Finsternis, und die Finsternis hat es nicht erfasst (Joh 1,3-5).

Was es da nicht alles gibt, was Leben eng und dunkel macht, uns nötigt und zu kurz kommen lässt, was böse und Gewalt ist.

In einer dunklen Welt von Habgier und Egozentrik erscheint das Licht der Freiheit in seiner Fülle. Es leuchtet uns den Weg, es will unseren Sinn erleuchten, für uns zum Sinn werden.

Und damit wir nicht mehr sagen können, wir haben es nicht erkannt, nicht verstanden, übersehen, nicht wahrgenommen, ist Gottes Wort Fleisch geworden, angreifbar und verletzlich, zum Zeichen in der Welt, Beweis der Liebe Gottes und seiner Fürsorge um uns.

Johannes ist demgegenüber ein Mensch; nicht *bei* Gott, sondern *von* Gott gesandt, unendlich wichtig zwar, der Größte unter den Menschen, aber kein Gott. Er ist nicht das Licht, er legt Zeugnis ab für das Licht. *Dieser ist es, der vor mir war –* am Anfang aller Zeit *–, doch nach mir kommt* (Joh 1,30), in dieser Geschichte erscheint weil ich, Johannes, auf ihn hinweisen muss. Das ist meine Aufgabe, so Johannes in seinem Auftreten.

Christus ist das Licht, das Leben bedeutet. Ohne Licht kein Leben, ohne Sonne keine Vegetation, ohne Licht nur Finsternis. Niemand kann ohne Licht leben. Niemand will in Finsternis verharren.

Bis weit in das 2. Jahrhundert hinein wissen wir – etwa aus der Apostelgeschichte als auch aus der Kirchengeschichte des Eusebius von Cäsarea –, gab es Johannes-Jünger, eine Johannes-Gemeinde, die dem Täufer treu anhing und von Jesus wenig wusste. Der Rufer in der Wüste, zu dem alle pilgerten, der Täufer, der allen Vergebung verhieß, der Asket im Fell, Heuschrecken essend: Er hat einen so derart tiefen Eindruck auf Israel gemacht, dass viele meinten, er selbst wäre der Messias. Herodes, der ihn der Lust wegen enthaupten lassen musste, verliert fünf oder sechs Jahre nach dieser schäbigen Tat eine Schlacht gegen König Aretas und sein Volk ist noch immer überzeugt: Weil er sich an Johannes verging, straft ihn der Himmel.

Jesus suchte anders als Johannes – deshalb war er so sperrig für viele – den Kontakt zu den Menschen. Den Armen, Sündern, Ausgestoßenen, Marginalisierten, aber auch (das wird übersehen) zu Reichen, Prassern, Zöllnern. Jesus geht zu jenen unterschiedslos, die einen Arzt brauchen, für ihre Seele und auch für ihren Körper. Das kann er deshalb, weil er das Leben *ist* und *Leben gibt*; weil er im Anfang schon war und am Ende noch sein wird. Weil er Gott war und ist.

Und das Wort ist Fleisch geworden und hat unter uns gewohnt, und wir haben seine Herrlichkeit gesehen.
Er kam in sein Eigentum, aber die Seinen nahmen ihn nicht auf (Joh 1,14.11).

Das wollen wir schon gar nicht: jemandes Eigentum sein. Unsere Ruhe wollen wir, unsere Freiheit, keine Grenzen und Beschränkungen kennen, jederzeit jede einmal getroffene Entscheidung wieder revidieren können. Alles geht, alle sind gleich und jedes ist beliebig. Bloß keine Verbindlichkeiten, bloß keine Verpflichtungen.

In Wahrheit aber sind und bleiben wir immer Gottes Eigentum, aus dem wir kommen und zu dem wir gehen. Während Gott sich selbst treu bleibt, den Menschen nicht aufgibt, gibt der Mensch sich selbst auf, wenn er seine Göttlichkeit verdrängt und nicht wahrhaben möchte: *Niemand sei über mir in einem Himmel, damit niemand über mich bestimmen könne,* so handeln wir oftmals.

Eine Menschheit ohne Gott aber, ohne Sinn und Werte, ohne Leitstern und Anleitung, verroht. Oder wie sollte man es sonst nennen, wenn Leben zu *lebensunwert* wird, im Alter und in der Empfängnis? Wenn der Mensch die Position Gottes im Gesamtgefüge von Leben und Welt einzunehmen trachtet, dann kann nicht mehr dabei herauskommen als sehr menschliche, sehr bedingte, fragwürdige, niedrige, interessengesteuerte Lösungen. Kein Mensch würde heute mehr sein Leben hingeben für andere, wenn er um keinen Himmel wüsste, der ihm reichlich Vergeltung schenkt.

Allen aber, die ihn aufnahmen, gab er Macht, Kinder Gottes zu werden, allen, die an seinen Namen glauben, die nicht aus dem Blut, nicht aus dem Willen des Fleisches, nicht aus dem Willen des Mannes, sondern aus Gott geboren sind (Joh 1,12f.).

So einfach also ist das: Weder Biologie noch Raffgier noch Machtgelüste sollen uns treiben; wer aus Gott geboren ist – was heißt: wer sich nicht selbst zum Maß des Lebens erhebt, sondern Gott und dem Nächsten ihren Platz einräumt –, die sind Kinder Gottes, die weder sterben noch leer ausgehen werden.

Der Einzige, der Gott ist und am Herzen des Vaters ruht, er hat Kunde gebracht (Joh 1,18).

Gottes Wort, Gottes Wesen, Gottes Walten wird Mensch; er kehrt sein Innerstes nach außen, um uns Fernste in sein Innerstes zu holen.

Jesus Christus ist wie ein Herold: Aus dem Inneren der Burg tritt er heraus ins Freie, um die Posaune der Botschaft zu blasen. Nicht irgendeine, sondern die einzige, die aus der Wahrheit des Ganzen rührt.

Hebräer 2,14-18
Der Nachkommen Abrahams nimmt er sich an

¹⁴ Da nun die Kinder Menschen von Fleisch und Blut sind, hat auch er in gleicher Weise Fleisch und Blut angenommen, um durch seinen Tod den zu entmachten, der die Gewalt über den Tod hat, nämlich den Teufel,

¹⁵ und um die zu befreien, die durch die Furcht vor dem Tod ihr Leben lang der Knechtschaft verfallen waren.

¹⁶ Denn er nimmt sich keineswegs der Engel an, sondern der Nachkommen Abrahams nimmt er sich an.

¹⁷ Darum musste er in allem seinen Brüdern gleich sein, um ein barmherziger und treuer Hoherpriester vor Gott zu sein und die Sünden des Volkes zu sühnen.

¹⁸ Denn da er selbst in Versuchung geführt wurde und gelitten hat, kann er denen helfen, die in Versuchung geführt werden.

Eine Bewegung des Suchens und Findens, des Fragens und des Erzählens. Maria und Josef auf der Suche nach einer Herberge, die Hirten auf der Suche nach dem Kind und die Pilger im Heiligen Land auf der Suche nach dem Ort dieses Geschehens.

Der Engel bei Maria, Maria und Elisabet, Menschen vor der Krippe, die staunen und betend nach dem Sinn dieses Geschehens fragen. Wir nennen und bekennen dieses Kind, Gottes Sohn, Heiland und Erlöser: Er, der heilt von Gebrechen, natürlichen wie moralischen, er, der erlöst von allem, was uns hindert, uns selbst näher zu kommen.

Begeben auch wir uns auf die Suche nach dem Kind und erzählen eine Weihnachtsgeschichte – allerdings eine Begriffsgeschichte.

Der Familienzusammenhalt orientalischer und anderer Gesellschaften (Zeugnisse sehen wir auch heute noch) war und ist dergestalt, dass jemand, der in Verschuldung, Knechtschaft, Rechtsstreitereien und Gewaltdelikte gerät, durch seinen nächsten Verwandten losgekauft, versorgt oder gerächt werden muss.

Niemand, kein Mitglied der Sippe, darf unverschuldet in Armut verfallen oder ungesühnt bleiben, im Guten wie im Schlechten. Das Alte Testament nennt dieses fest verankerte Rechtsinstitut *Goël – Löser*, das Griechische spricht von Wortfeldern um *lütrosis*, das selbst wiederum *lösen* bedeutet: *loslösen, befreien, freikaufen*. Ein Erlöser ist demnach sehr wörtlich zu verstehen: Mein nächster Verwandter, dessen Pflicht es ist, mich aus der Misere zu befreien – schon im eigenen Interesse, da auch ihn dieses Schicksal treffen könnte und er dann ebenso auf seinen Erlöser harrt. Mose trägt so ebenfalls den Titel *Erlöser*, weil er Israel aus Ägyptens Knechtschaft befreit (Apg 7,35).

Im Neuen Testament ist es vor allem Lukas, der in seinem Evangelium und in der Apostelgeschichte auf diese Vorgabe zu sprechen kommt. In der Prophezeiung des Zacharias über das erlösende Kommen des Messias (Lk 1,67ff.), in den Worten Hannahs bei der Darstellung des Kindes Jesus im Tempel (Lk 2,38) und wiederum ganz am Ende, den Bogen zu Ostern spannend, in den Worten der Emmausjünger: *Wir aber hatten gehofft, dass er der sei, der Israel erlösen werde. Und dazu ist heute schon der dritte Tag, seitdem das alles geschehen ist* (Lk 24,21).

Dieses Missverständnis war unter anderem Grund für Jesu Verurteilung; denn viele seiner Zeitgenossen verstanden dieses *Erlösen* im herkömmlichen politischen und gesellschaftlichen Sinn als physische Befreiung aus dem Joch der Knechtschaft der Römer. Von hier ist die Angst der Machthaber und Regierenden erklärlich.

Gott allerdings hatte im Kommen seines Sohnes etwas grundlegend anderes im Sinn, etwas zeitloser Wahreres.

Wir begegnen Jesus an vielen Orten des Heiligen Landes als Heiler von Krankheiten und Leiden und Wundertäter; Menschen, die zu ihm sich flüchten, weil sie ihm diese Wirkmächtigkeit zutrauen und tatsächlich nicht enttäuscht werden. Jesu Wirken ist immer heilend, natürlich oder moralisch. Es beschränkt sich aber nicht auf diese individuelle Ebene persönlichen Schicksals; er umfängt und heilt des Menschen Schicksal insgesamt, vollumfänglich und in der Tiefe.

Was die Griechen *Ananke* und *Heimarmene*, die Lateiner *Necessitas* und *Fatum* nannten (die zwingenden, unvermeidlichen Notwendigkeiten des Lebens, Schicksalsschläge, die hereinbrechen und akzeptiert werden müssen), den Göttern und den Sternen zugeordnet, die Menschen gängeln und verleiten, ohne ihnen entrinnen zu können – das bleibt des Menschen Schicksal als Zwänge der Gesellschaft oder des Marktes, der Politik oder der Wirtschaft; Leichtsinnige, die ihr Leben immer noch den Sternen entnehmen, sich blindlings Verführern anvertrauen und lieber Abhängigkeiten bevorzugen.

Jesu Lebens-Botschaft ist eine andere: zur Freiheit berufen. Frei von allem, was knechtet, zwängt, erdrückt, den anderen wie mich.

Das letzte große Schicksal, die einzige, scheinbar unüberwindbare Angst, jene des Todes, ist hier nicht ausgenommen, im Gegenteil, sie ist das Zentrum seines Lebens. Nicht nur, dass er uns vorzeigt, dass standhaft auch diese letzte Konsequenz zu tragen ist (das kann auch Sokrates). Mehr noch: Er besiegt selbst die Angst davor, weil sein Weg diese Unterbrechung nur als Übergang versteht, als Weg zu jener Fülle, deren Vorgeschmack wir hier schon erleben und erfahren dürfen: In der Liebe meines Mitmenschen, in der Liebe meines Gottes, der mir selbst im Tod begegnen will. Da Gottes Sohn selbst starb, im Tod das Leben fand und dies der einzige Sinn seiner Menschwerdung war, des Menschen Leben zu Gott zu führen, können wir gar nicht anders, als eben nicht sterben, sondern einzig leben mit ihm.

Der Hebräerbrief ist überdeutlich in diesem Punkt (siehe Hebr 2,14ff.):

„Da nun die Kinder Menschen von Fleisch und Blut sind, hat auch er in gleicher Weise Fleisch und Blut angenommen, um durch seinen Tod den zu entmachten, der die Gewalt über den Tod hat, nämlich den Teufel, und um die zu befreien, die durch die Furcht vor dem Tod ihr Leben lang der Knechtschaft verfallen waren. Denn er nimmt sich keineswegs der Engel an, sondern der Nachkommen Abrahams nimmt er sich an. Darum musste er in allem seinen Brüdern gleich sein, um ein barmherziger und treuer Hoherpriester vor Gott zu sein und die Sünden des Volkes zu sühnen. Denn da er selbst in Versuchung geführt wurde und gelitten hat, kann er denen helfen, die in Versuchung geführt werden."

Christus bekennen wir als Erlöser und Heiland – und wunderbar (im wahrsten Sinn des Wortes!), wenn wir verstehen warum.

Bis 2019 sollen die umfassenden Restaurierungsarbeiten an der Geburtskirche in Bethlehem abgeschlossen werden. Von ursprünglich 2000 Quadratmetern Glasmosaiken konnten rund 130 Quadratmeter erhalten werden.

Lukas 2,25-40 Simeon und Hanna

²⁵ In Jerusalem lebte damals ein Mann namens Simeon. Er war gerecht und fromm und wartete auf die Rettung Israels, und der Heilige Geist ruhte auf ihm.

²⁶ Vom Heiligen Geist war ihm offenbart worden, er werde den Tod nicht schauen, ehe er den Messias des Herrn gesehen habe.

²⁷ Jetzt wurde er vom Geist in den Tempel geführt; und als die Eltern Jesus hereinbrachten, um zu erfüllen, was nach dem Gesetz üblich war,

²⁸ nahm Simeon das Kind in seine Arme und pries Gott mit den Worten:

²⁹ Nun lässt du, Herr, deinen Knecht, wie du gesagt hast, in Frieden scheiden.

³⁰ Denn meine Augen haben das Heil gesehen,

³¹ das du vor allen Völkern bereitet hast,

³² ein Licht, das die Heiden erleuchtet, und Herrlichkeit für dein Volk Israel.

³³ Sein Vater und seine Mutter staunten über die Worte, die über Jesus gesagt wurden.

³⁴ Und Simeon segnete sie und sagte zu Maria, der Mutter Jesu: Dieser ist dazu bestimmt, dass in Israel viele durch ihn zu Fall kommen und viele aufgerichtet werden, und er wird ein Zeichen sein, dem widersprochen wird.

³⁵ Dadurch sollen die Gedanken vieler Menschen offenbar werden. Dir selbst aber wird ein Schwert durch die Seele dringen.

Damals lebte auch eine Prophetin namens Hanna, eine Tochter Penuëls, aus dem Stamm Ascher. Sie war schon hochbetagt. Als junges Mädchen hatte sie geheiratet und sieben Jahre mit ihrem Mann gelebt;

³⁷ nun war sie eine Witwe von vierundachtzig Jahren. Sie hielt sich ständig im Tempel auf und diente Gott Tag und Nacht mit Fasten und Beten.

³⁸ In diesem Augenblick nun trat sie hinzu, pries Gott und sprach über das Kind zu allen, die auf die Erlösung Jerusalems warteten.

³⁹ Als seine Eltern alles getan hatten, was das Gesetz des Herrn vorschreibt, kehrten sie nach Galiläa in ihre Stadt Nazaret zurück.

⁴⁰ Das Kind wuchs heran und wurde kräftig; Gott erfüllte es mit Weisheit, und seine Gnade ruhte auf ihm.

Was für eine Bürde, was für eine Last! Nicht sterben zu *können*, nicht sterben zu *dürfen*, ehe den Messias gesehen zu haben! Der Messias, der Gesalbte Gottes, kommt ja nicht nur wegen ihm – Simeon – , sondern wegen aller in Israel, um Rettung zu bringen. Und doch ward diesem einen verheißen, erst sterben zu *müssen*, nachdem er ihn sah.

Ob Simeon wohl daran denken hätte können, dass ihm die Erlösung in Gestalt eines Neugeborenen begegnet, für den – schutzbefohlen in ihren Armen liegend – seine hoffnungsvollen Eltern Turteltauben opfern? Dachte er eher an einen gewaltigen, kraftvollen, unwidersprochenen Herrscher auf Davids Thron, von dem die Schriften sprachen, die er täglich las im Haus, das David baute?

Simeon war ein Gerechter und Frommer wie Hanna eine beständig Betende und Fastende. Der Geist gab Simeon ein, just in diesem Moment in den Tempel zu gehen, um Ausschau zu halten nach dem Licht; der Geist gab ihm dabei jene Worte ein, die heute noch jede Komplet beschließen: *Nun lässt du, Herr, deinen Knecht, wie du gesagt hast, in Frieden scheiden* (Lk 2,29).

Unser eigenes, persönliches Tagewerk wird zur Metapher für Simeons geduldiges Harren beziehungsweise wird Simeon umgekehrt uns zum Vorbild gegeben, in der Hoffnung nicht zu erlahmen. Seien es auch noch viele Tage bis zu diesem glücklichen Moment, nicht mehr den Herrn bloß in unseren Armen halten zu dürfen, sondern umgekehrt, dass wir uns schlussendlich in seine Arme flüchten dürfen.

Und unsere Hannaleh, die Vierundachtzigjährige, *sprach über das Kind zu allen, die auf die Erlösung Jerusalems warteten* (Lk 2,38).

Die beiden Gerechten des Ersten Bundes werden belohnt für ihren Glauben; sie dürfen den Retter noch erleben – um zu sterben, lange bevor Jesus seinen Lauf vollendet. Alles andere als zynisch, wie man vielleicht meinen könnte.

Das unverdächtige, sanft schlummernde Kind in Marias Armen ist (das wissen Simeon und Hannah ganz genau und bekennen es auch) alles andere als harmlos. Wenn es Gott ist, der entschied, sich in Menschengestalt zu kleiden, um sein Werk in Angriff zu nehmen, das da lautet, alles zu seinem Ende zu führen, die Spreu vom Weizen zu trennen, die Schafe von den Böcken, die Guten von den Schlechten, die Heiligen von den Heuchlern; wenn es Gott ist, der kommt zum Gericht – dann ist das alles andere als lustig; im Gegenteil, es ist tödlich.

Das Alte Testament wusste unzweifelhaft: *Niemand kann Gott sehen und am Leben bleiben* (Ex 33,20; 19,13). Sehen konnte man Engel und Wolken, Feuerzungen und Wolkensäulen, hören durfte man Stimmen, Donner, Getöse und Gebrause, erahnen konnte man allerbestenfalls Gottes Rücken, niemals aber sein Angesicht. Auch das Neue Testament bezeugt dies: *Niemand hat Gott je gesehen*, sondern – hier kommt das Entscheidende – *er, der Gott ist und am Herzen des Vaters ruht, er hat Kunde gebracht* (Joh 1,18; 6,46); Christus, der Herr.

Dieser ist – so Simeon – *dazu bestimmt, dass in Israel viele durch ihn zu Fall kommen und viele aufgerichtet werden, und er wird ein Zeichen sein, dem widersprochen wird* (Lk 2,34). Und kam es denn etwa nicht so? Und ist es denn nicht immer noch so: *Durch ihn sollen die Gedanken vieler Menschen offenbar werden* (Lk 2,35).

Das Heil für Seele und Leib, deren Reifung, Gesundheit, Klarheit, bietet sich selbst an; so unfassbar vorbehaltlos, dass es sich selbst schänden und missbrauchen, kreuzigen und verkehren lässt. Wie viele meinen ernsthaft, noch im Gegenteil Gottes den Willen Gottes erkennen zu können. Wie leicht ist es, vom Weg abzudriften. Aber wie leicht wird erst das Leben, wenn unser *Ja* ein *Ja*, unser *Nein* ein *Nein* bleibt; im Namen des Vaters und des Sohnes und des Heiligen Geistes.

Jesu Wirken

Lukas 2,41-52 Zum Paschafest nach Jerusalem

[41] Die Eltern Jesu gingen jedes Jahr zum Paschafest nach Jerusalem.

[42] Als er zwölf Jahre alt geworden war, zogen sie wieder hinauf, wie es dem Festbrauch entsprach.

[43] Nachdem die Festtage zu Ende waren, machten sie sich auf den Heimweg. Der junge Jesus aber blieb in Jerusalem, ohne dass seine Eltern es merkten.

[44] Sie meinten, er sei irgendwo in der Pilgergruppe, und reisten eine Tagesstrecke weit; dann suchten sie ihn bei den Verwandten und Bekannten.

[45] Als sie ihn nicht fanden, kehrten sie nach Jerusalem zurück und suchten ihn dort.

[46] Nach drei Tagen fanden sie ihn im Tempel; er saß mitten unter den Lehrern, hörte ihnen zu und stellte Fragen.

[47] Alle, die ihn hörten, waren erstaunt über sein Verständnis und über seine Antworten.

[48] Als seine Eltern ihn sahen, waren sie sehr betroffen, und seine Mutter sagte zu ihm: Kind, wie konntest du uns das antun? Dein Vater und ich haben dich voll Angst gesucht.

[49] Da sagte er zu ihnen: Warum habt ihr mich gesucht? Wusstet ihr nicht, dass ich in dem sein muss, was meinem Vater gehört?

[50] Doch sie verstanden nicht, was er damit sagen wollte.

[51] Dann kehrte er mit ihnen nach Nazaret zurück und war ihnen gehorsam. Seine Mutter bewahrte alles, was geschehen war, in ihrem Herzen.

⁵² Jesus aber wuchs heran, und seine Weisheit nahm zu, und er fand Gefallen bei Gott und den Menschen.

Jesus zeigt sich als das Wort: *Wusstet ihr nicht, dass ich in dem sein muss, was meinem Vater gehört* (Lk 2,49)?

Der 12-jährige Knabe bringt den Kreis der Lehrer, die ihm ja kraft ihrer Ausbildung und ihres biologischen Alters überlegen sein müssten, zum Schweigen, und verwundert seine Eltern, die ebenso verstummen, anstatt sich von ihnen schelten zu lassen, wo er doch drei Tage lang verschollen war.

Das Wort ist mächtig und kraftvoll, voll Gnade und Geist von oben; es ward Fleisch in diesem Sohn. Der Ewige trat in die Zeit.

Jesu Antwort *Wusstet ihr nicht, dass ich in dem sein muss, was meinem Vater gehört* (Lk 2,49) deuten wir auf den Tempel als dem Haus Gottes; hier finden ihn seine Eltern wieder. Hätten sie doch bloß von Anfang an daran gedacht!

Wie selbstverständlich nennt Jesus Gott seinen Vater; er tanzt damit nicht wirklich aus der alttestamentlichen Reihe, ganz Israel verstand sich von alters her als auserwählter Sohn Gottes (Hos 11,1). Was überrascht, ist allerdings die Leichtigkeit, mit der Jesus diese Anrede verwendet, in ganz alltäglichen Kontexten und nicht nur an Feiertagen und in Jammertalen, so selbstverständlich, dass er da nur sein kann, wo sein Vater ist, und, mehr noch, wie wir im Laufe seines Lebens lernen werden dürfen: Der Vater ist nur dort, wo auch dieser eine Sohn ist. *Vater und Sohn sind eins* (etwa Joh 10,38).

Im Tempel nicht von ungefähr, Zentrum des gläubigen Israels, Sehnsucht der Wallfahrer, Berg Abrahams und Isaaks. Am Ende wird Gott an seinem Sohn tun, was auch Abraham bereit war zu tun. Der Tempel als Haus und Wohnung Gottes. Doch im Laufe des Lebens Jesu werden wir zunehmend immer deutlicher lernen dürfen: Der Sohn selbst ist Tempel, Ort der Gegenwart Gottes. Nicht mehr Gemäuer, sondern ein Gesicht kennzeichnet diesen Gott.

... in dem sein muss, was meinem Vater gehört (Lk 2,49)?

Zumindest das Deutsche lässt uns diesen Satz nicht nur auf einen Ort beziehen. Jesus steht und sitzt nicht einfach so im Tempel; inmitten der Schriftgelehrten legt er das Wort Gottes aus und belehrt sie über dessen Sinn. Er ist ganz *in dem Element Gottes*, der seine Kinder unterweisen und lehren möchte, doch bitte auf sein Wort zu achten und seinen Weg zu gehen. Ganz der Vater kann es dem Sohn auch nur um eines gehen: Lehre und Erziehung zum Guten, dem einen Guten hin, zu Gott.

Wie ein leiblicher, liebender Vater für seine Kinder nur das Beste möchte, sie manchmal vielleicht sogar „züchtigen" muss, um sie in der Spur zu halten, Kinder sich selbst ihren Schädel einrennen müssen, bevor sie glauben können, dass Eltern auch recht behalten können, so mag das Leben ein ständiges Auf und Ab sein, ohne Zweifel, in Gutem und Schlechtem.

Ein Christgläubiger wird die Talsohlen seiner Existenz auch nicht vermeiden können. Christus aber lehrt ihn, wie er aus der Tiefe wieder in die Höhe kommt, weil er in der Tiefe schon um die Höhe weiß.

Johannes 1,25-34 Johannes und Jesus

²⁵ Sie fragten Johannes: Warum taufst du dann, wenn du nicht der Messias bist, nicht Elija und nicht der Prophet?

²⁶ Er antwortete ihnen: Ich taufe mit Wasser. Mitten unter euch steht der, den ihr nicht kennt

²⁷ und der nach mir kommt; ich bin es nicht wert, ihm die Schuhe aufzuschnüren.

²⁸ Dies geschah in Betanien, auf der anderen Seite des Jordan, wo Johannes taufte.

²⁹ Am Tag darauf sah er Jesus auf sich zukommen und sagte: Seht, das Lamm Gottes, das die Sünde der Welt hinwegnimmt.

³⁰ Er ist es, von dem ich gesagt habe: Nach mir kommt ein Mann, der mir voraus ist, weil er vor mir war.

³¹ Auch ich kannte ihn nicht; aber ich bin gekommen und taufe mit Wasser, um Israel mit ihm bekanntzumachen.

³² Und Johannes bezeugte: Ich sah, dass der Geist vom Himmel herabkam wie eine Taube und auf ihm blieb.

³³ Auch ich kannte ihn nicht; aber er, der mich gesandt hat, mit Wasser zu taufen, er hat mir gesagt: Auf wen du den Geist herabkommen siehst und auf wem er bleibt, der ist es, der mit dem Heiligen Geist tauft.

³⁴ Das habe ich gesehen, und ich bezeuge: Er ist der Sohn Gottes.

Wenn wir an Johannes den Täufer und an Jesus denken, so mag vielen von uns zuerst ein Motiv aus der Kunstgeschichte einfallen: Die beiden Knaben, miteinander spielend, im Hintergrund die beiden Mütter, beobachtend, wachend, in den vorderen Bildrändern das Lamm und der Stab, manchmal in Kreuzform.

Die Malerei führt die einzelnen Momente der Heilsgeschichte zusammen, sie verdichtet die Botschaft zu einem Bild, das den Betrachter belehren soll. Das Lamm ist das Lamm Gottes, als das sich der Jesus-Knabe erweisen wird, wenn er wie ein Lamm zur Schlachtbank geführt wird (Apg 8,32) auf seinem Weg nach Golgota. Der Stab symbolisiert den Auftrag des Johannes, Israel zu rufen, zur Bekanntschaft mit Christus zu führen. Die beiden Frauengestalten, Maria und ihre Cousine Elisabeth, die sie besucht, als beide schwanger waren; Johannes und Jesus sind demnach in etwa gleich alt.

Schon das Kind im Mutterleib hüpft vor Freude, als das andere noch Ungeborene sich ihm nähert (Lk 1,44). Dies erinnert uns an die Prophezeiung: *Schon im Mutterleib wurdest du erwählt* (Jes 44,2).

Trotzdem aber die beiden Knaben miteinander verwandt sind, haben sie im Knabenalter kaum miteinander gespielt. Der eine muss fliehen Richtung Ägypten, der andere bleibt im Bergland von Judäa; der eine kehrt heim ins galiläische Nazaret, den anderen zieht es in die Wüste und an den Jordan. Insofern verstehen wir gut, wieso Johannes zweimal sagt: *Auch ich kannte ihn nicht*, wie wir im Evangelium hören (Lk 1,31ff.).

Was die beiden verbindet, ist zuerst die Atmosphäre ihrer Umgebung, ihres Elternhauses. Zacharias dient als Priester niederen Ranges im Jerusalemer Tempel, Maria finden wir im Zwiegespräch mit den Engeln. Die beiden Knaben wachsen heran in einem Kontext, in dem die Gegenwart Gottes, das Leben nach seinen Geboten, die Suche und der Versuch, ihm zu gefallen, alltägliche *Selbstverständlichkeit* und – wichtig für unsere Zeit! – alltägliche *Selbstverwirklichung* ist.

Wenn *wir uns selbst verwirklichen* wollen, versuchen wir dies in den Grenzen unserer eigenen Möglichkeiten, die – da sie jedem persönlich zu eigen sind, ihn von den anderen unterscheiden – uns zwar auszeichnen, doch auch einschränken. Wir verstehen nicht mehr, dass der Ruf Gottes uns aus diesen engen Grenzen befreien möchte, wenn Er uns die Latte viel höher legt, als wir sie uns selbst jemals legen würden.

Beide Knaben, Jesus und Johannes, erkennen ihre Berufung, ihren Auftrag, ihre Position in diesem Heilsgeschehen: Der eine soll vorbereiten, der andere wird zu Ende führen.

Auch ich kannte ihn nicht (Lk 1,31ff.). Wiewohl Johannes um die Frömmigkeit Jesu gewusst haben wird, bereits über ihn von anderen hörte, bleibt er bereit für die Entscheidung Gottes, auch einen anderen Weg zeigen zu können: *Auf wen du den Geist herabkommen siehst* (Joh 1,33). Ein Wunder möchte man meinen: Eine Taube, im richtigen Moment, vom Himmel kommend, ein Zeichen des Himmels.

Sind wir bereit, uns im richtigen Moment zeigen, sagen, korrigieren zu lassen oder tun wir solch Hinweis und Ratschlag als belanglos und zufällig zur Seite? Eine Taube kann schließlich überall landen, das debile Federvieh! Und genau deshalb der Zusatz, die Fortsetzung: *Auf wen du den Geist herabkommen siehst und auf wem er bleibt, der ist es, der mit dem Heiligen Geist tauft* (Lk 1,33).

Die Botschaft Jesu ist nicht ein damals zeitgeschichtlich relevantes, heute nicht mehr interessantes Aufflackern eines durchaus erleuchteten Geistesblitzes. Sein Wort – so wir es denn kennen – vermag uns heute noch anzurühren und in unserem Sein und Suchen zu erfassen. Seine Antworten sind nicht veraltet, sie befassen sich mit dem Menschen unabhängig von seiner jeweiligen Umgebung, sie meinen unser Innerstes, unser Wesen, unsere Sehnsucht nach Gelingen, Liebe und Geborgenheit, Vollkommenheit und Glück. Weil sich dies nicht ändert, kann Jesu Botschaft weder veralten noch belanglos werden.

Auch ich kannte ihn nicht (Lk 1,31ff.)! Wie sehr ist dieses zweimalige Eingeständnis Johannes des Täufers, der doch hätte wissen *müssen*, nicht auch unser Bekenntnis: *Auch ich kenne ihn nicht.*

Noch nicht, noch nicht ganz, noch nicht wirklich, noch nicht umfassend, vielleicht nur ein wenig erst, zögerlich, zaudernd, schwankend.

Ja, all dies wird vorkommen und sich erklären lassen, wenn nur unser Wesen ganz tief in seinem Innersten begriffen hat: Dieser eine, der Himmel und Erde vereint, ist ausschlaggebend für mich, wenn ich mir für meine „Erde" (meine Tiefen und Sehnsüchte) den „Himmel" (höchste Erfüllung und Vollendung) wünsche.

Lukas 4,15-21 Der Geist des Herrn ruht auf mir

[15] Jesus lehrte in den Synagogen und wurde von allen gepriesen.

[16] So kam er auch nach Nazaret, wo er aufgewachsen war, und ging, wie gewohnt, am Sabbat in die Synagoge. Als er aufstand, um aus der Schrift vorzulesen,

[17] reichte man ihm das Buch des Propheten Jesaja. Er schlug das Buch auf und fand die Stelle, wo es heißt:

[18] Der Geist des Herrn ruht auf mir; denn der Herr hat mich gesalbt. Er hat mich gesandt, damit ich den Armen eine gute Nachricht bringe; damit ich den Gefangenen die Entlassung verkünde und den Blinden das Augenlicht; damit ich die Zerschlagenen in Freiheit setze

[19] und ein Gnadenjahr des Herrn ausrufe.

[20] Dann schloß er das Buch, gab es dem Synagogendiener und setzte sich. Die Augen aller in der Synagoge waren auf ihn gerichtet.

[21] Da begann er, ihnen darzulegen: Heute hat sich das Schriftwort, das ihr eben gehört habt, erfüllt.

In Friedrich Nietzsches *Jenseits von Gut und Böse* lesen wir: *Es ist eine Feinheit, dass Gott Griechisch lernte, als er Schriftsteller werden wollte, und dass er es nicht besser lernte* (121).

Was meint er damit? Das Griechische des Neuen Testaments ist einem klassisch gebildeten Menschen, der einst in seiner Gymnasialzeit noch etwa zwölf Wochenstunden Alte Sprachen pauken durfte, einfach nicht gut genug. Schon die heidnischen antiken Schriftsteller hatten sich darüber lustig gemacht. Im Vergleich mit den großen Klassikern dieser Zeit ist Stil und Niveau der biblischen Schriften schlicht, naja drittklassig.

Es gibt freilich Ausnahmen, Autoren im Neuen Testament, die sich wohltuend von den anderen abheben, deren Sprachgewalt schon erkennen lässt, dass sie Bildung genossen haben, wissen, was Rhetorik meint und die beweisen, dass sie ihr Handwerkszeug beherrschen; der Arzt Lukas ist so ein Jemand. Der Anfang seines Evangeliums überrascht den kundigen Bibelleser in Perspektive, Tonfall und Inhalt. Er setzt sich selbst außen vor, als Betrachter des Ganzen, beschreibt seine Herangehensweise und liefert einen Vorspann, bevor er mit seiner eigentlichen Erzählung einsetzt.

Schon viele haben es unternommen, einen Bericht über all das abzufassen, was sich unter uns ereignet und erfüllt hat. Dabei hielten sie sich an die Überlieferung derer, die von Anfang an Augenzeugen und Diener des Wortes waren. Nun habe auch ich mich entschlossen, allem von Grund auf sorgfältig nachzugehen, um es für dich, hochverehrter Theophilus, der Reihe nach aufzuschreiben. So kannst du dich von der Zuverlässigkeit der Lehre überzeugen, in der du unterwiesen wurdest (Lk 1,1-4).

Gleich zu allem Anfang besteht der Evangelist darauf: Ich erzähle, was sich ereignet hat; *hier, jetzt, mitten unter uns*. Keine Geschichten, sondern die Geschichte dieses Jesus, deren Augen- und Tatzeugen heute noch befragt werden können; nicht schnell hingeschrieben, sondern sorgsam recherchiert, kein Mythos, kein Märchen, kein *es war einmal*, sondern all das und nur das, das einer Überprüfung standgehalten hat.

Lukas gibt sich hier betont als Historiker, für den die Geschichte des Lebens Jesu, mit den Augen Gottes gesehen, zur Lehre wiederum für *Dein Leben, lieber Theophilus*, werden kann.

Wer genau dieser eine Theophilus damals war, wissen wir nicht mehr ganz sicher; sein Buch aber ist heute noch für uns erhalten; wir alle sind und sollen sein Theophilus: *theo-phil*, also gottliebend, gottaffin.

So beginnt das Evangelium; es gibt aber noch einen zweiten Anfang, nämlich jenen der Handlung über und mit diesem Jesus, wenn der Evangelist die Rolle des allwissenden Erzählers verlässt und sich einreiht in die Schar seiner Interviewpartner der Jünger Jesu, ja, selbst zu einem Jünger wird. Am Anfang von Jesu Wirken steht nämlich jene berühmte Rede in der Synagoge, die harmlos beginnt, doch alles andere als harmlos ist. Jesus liest aus dem Buch des Propheten Jesaja die Prophetie über den erwarteten Gottesknecht.

Der Geist des Herrn ruht auf mir; denn der Herr hat mich gesalbt. Er hat mich gesandt, damit ich den Armen eine gute Nachricht bringe; damit ich den Gefangenen die Entlassung verkünde und den Blinden das Augenlicht; damit ich die Zerschlagenen in Freiheit setze und ein Gnadenjahr des Herrn ausrufe (Lk 4,18f.).

Der Skandal in Nazaret ist perfekt, als Jesus sagt, was er davon hält: *Heute hat sich das Schriftwort, das ihr eben gehört habt, erfüllt* (Lk 4,21). Ich selbst bin der, der hier angekündigt wurde, das ist mein Programm, ich bin der von Gott Gesandte, um euch zu ihm zu führen.

Ganz geschickt, meisterlich gebildet, setzt Lukas noch einen dritten Anfang an den Beginn seines Evangeliums. Sobald er nämlich in die Rolle eines Begleiters und Jüngers Jesu schlüpft, lassen uns sein Mund und seine Augen an dem damals Geschehenen teilhaben. Durch ihn werden wir selbst zu Zeitgenossen Jesu, sobald auch wir anfangen, diese Perspektive des Hören- und Lernen-Wollenden Jüngers Jesu einzunehmen.

So ist das alte, jahrtausendealte Wort der Heiligen Schrift kein antiquarisches Relikt vergangener Zeiten, sondern ein Brunnen, der einerseits tief herunterreicht auch in die heutigen Nöte und Sorgen von Menschen, ein Brunnen, der andererseits, richtig geschöpft und recherchiert, Quelle frischen Mutes werden kann.

Das im 5. Jahrhundert gegründete griechisch-orthodoxe Kloster Mar Saba überragt das Kidron-Tal unweit von Bethlehem. Im 8. Jahrhundert beherbergte es den Kirchenvater Johannes von Damaskus.

Matthäus 4,1-17 Wider der Macht des Bösen

¹ Dann wurde Jesus vom Geist in die Wüste geführt; dort sollte er vom Teufel in Versuchung geführt werden.

² Als er vierzig Tage und vierzig Nächte gefastet hatte, bekam er Hunger.

³ Da trat der Versucher an ihn heran und sagte: Wenn du Gottes Sohn bist, so befiehl, dass aus diesen Steinen Brot wird.

⁴ Er aber antwortete: In der Schrift heißt es: Der Mensch lebt nicht nur von Brot, sondern von jedem Wort, das aus Gottes Mund kommt.

⁵ Darauf nahm ihn der Teufel mit sich in die Heilige Stadt, stellte ihn oben auf den Tempel

⁶ und sagte zu ihm: Wenn du Gottes Sohn bist, so stürz dich hinab; denn es heißt in der Schrift: Seinen Engeln befiehlt er, dich auf ihren Händen zu tragen, damit dein Fuß nicht an einen Stein stößt.

⁷ Jesus antwortete ihm: In der Schrift heißt es auch: Du sollst den Herrn, deinen Gott, nicht auf die Probe stellen.

⁸ Wieder nahm ihn der Teufel mit sich und führte ihn auf einen sehr hohen Berg; er zeigte ihm alle Reiche der Welt mit ihrer Pracht

⁹ und sagte zu ihm: Das alles will ich dir geben, wenn du dich vor mir niederwirfst und mich anbetest.

¹⁰ Da sagte Jesus zu ihm: Weg mit dir, Satan! Denn in der Schrift steht: Vor dem Herrn, deinem Gott, sollst du dich niederwerfen und ihm allein dienen.

¹¹ Darauf ließ der Teufel von ihm ab, und es kamen Engel und dienten ihm.

¹² Als Jesus hörte, dass man Johannes ins Gefängnis geworfen hatte, zog er sich nach Galiläa zurück.

¹³ Er verließ Nazaret, um in Kafarnaum zu wohnen, das am See liegt, im Gebiet von Sebulon und Naftali.

¹⁴ Denn es sollte sich erfüllen, was durch den Propheten Jesaja gesagt worden ist:

¹⁵ Das Land Sebulon und das Land Naftali, die Straße am Meer, das Gebiet jenseits des Jordan, das heidnische Galiläa:

¹⁶ das Volk, das im Dunkel lebte, hat ein helles Licht gesehen; denen, die im Schattenreich des Todes wohnten, ist ein Licht erschienen.

¹⁷ Von da an begann Jesus zu verkünden: Kehrt um! Denn das Himmelreich ist nahe.

Der Evangelist Markus sagt in wenigen Worten, woraus seine beiden Amtsbrüder Matthäus und Lukas eine ganze Geschichte bauen können: Jesu Gang und Versuchung in der Wüste, die am Anfang der Fastenzeit steht.

Jesus zieht sich zu Fasten und Gebet in die Wüste zurück. Fern von der Welt, in der Einsamkeit, an einen abgeschiedenen Ort, an dem man für die wirklich wichtigen Dinge des Lebens offener und empfänglicher ist als in der Welt des alltäglichen Lebens.

Der Teufel versucht Jesus. Markus schweigt zu dem *Worin* und *Wozu*; die anderen Evangelisten wissen dagegen von einer dreimaligen Versuchung. Der Teufel bietet Jesus so ziemlich alles, wonach der menschliche Geist zeit seines Lebens lechzt: Macht, Geld, Einfluss. Und Jesus lässt ihn dreimal abblitzen. Jesu Interesse liegt woanders, er will einzig den Willen seines Vaters tun – das ist mehr als alle Reiche der Welt. Bei Gott in gutem Ansehen zu stehen, bringt längerfristig mehr als unser eitles zwischenmenschliches *Sehen und Gesehen-Werden*.

Doch wer wird denn heute noch – egal ob in der markinischen Kurzversion oder der lukanischen Weitschweifigkeit – an den Satan glauben? Kann man dieses Evangelium in unserer aufgeklärten Zeit noch glauben?

Nehmen wir doch andererseits einmal die Welt, so wie sie sich zeigt: Da gibt es Reiche und Arme, Satte und Hungernde, Krieg und Frieden, Ungerechtigkeit und Nächstenliebe. Und wer verteilt sie? Wer entscheidet darüber, ob ein Mensch in einem reichen Land oder in der Armut Afrikas geboren wird? Und kann es nicht sein, dass ein Armer in seinem Herzen reicher und zufriedener ist als ein Firmen- und Aktienbesitzer, den die Sorge um Besitzstandsmehrung um den Schlaf bringt?

In unserer Welt gibt es Menschen, Strukturen, die verhindern, dass die Armen aus ihrer Armut befreit werden können. Sind denn diese Mechanismen nicht so böse, dass sie nicht ein Werk des Teufels – wer auch immer konkret vor Ort daran schuld sein mag – genannt werden könnten?

Es gibt sie, diese Teufel: Menschen und ganze Länder, die zu blind oder zu stolz oder zu sehr auf die Steigerung des eigenen Gewinns bedacht sind, bevor sie den Kuchen mit den Ärmsten teilen würden, den Teufelskreislauf von Gewalt und Gegengewalt durchbrechen. Den armen Ländern das Wichtigste zum Leben nicht geben und zugleich die Aufnahme von Flüchtlingen verhindern.

Ja, das Erscheinungsbild des Teufels hat sich geändert. Er trägt heute nicht mehr Bockshörner, Pferdeschwanz und Eselshufe; er tritt auf im feinen Anzug, mit gestyltem Lächeln gegen bittere Armut; er tritt auf im Bild der ewig Jungen und Schönen gegen Altern und Sterben; er tritt auf in Stimmen, die die Angst vor dem Fremden schüren. Seine Botschaft ist immer dieselbe: *Bloß nicht teilen. Immer auf den eigenen Vorteil bedacht sein. Jeder ist sich selbst der Nächste. Der andere ist selbst schuld.*

Jesus lässt sich nicht einlullen, nicht verblenden durch die Versuchung des Satans. Er hält sich an die Wahrheiten der Bibel, die älter sind und tiefer reichen als die Weisheit eines kurzlebigen Menschenkindes. *Die Zeit ist erfüllt, das Reich Gottes ist nahe* (Mk 1,15).

Nehmen wir einen kurzen Moment an, Jesus hätte dem Teufel nachgegeben, was wäre passiert? Vermutlich wäre er König geworden, hätte ein Leben in Luxus geführt und wäre irgendwann in hohem Alter friedlich in seinem Bett – umringt von Speichelleckern – gestorben. Vermutlich hätte er – wie beinahe alle Mächtigen – die Kleinen ausgebeutet und unterdrückt. Macht macht verdorben; da nützt auch kaum gute Erziehung. Aber welchen Lohn hätte er dafür erwarten können? Er hätte seine eigene Auferstehung nicht erlebt, er wäre tot im Grab geblieben.

Jesus geht einen anderen Weg: Er steht zu seinen Überzeugungen, Prinzipien, durchschaut die menschliche Psyche, steht zu den Armen und Ausgegrenzten der Gesellschaft und geht so weit, sich selbst in die Hände der Mächtigen und Neider auszuliefern.

Er wurde zwar nicht alt auf Erden, doch im Himmel lebt er seither ewig.
Er war gewiss nicht reich auf Erden, doch jetzt hat er alle Macht.
Er war verspottet auf Erden, doch am Ende wird er richten.

Widerstehen sollen wir als Getaufte allem Bösen, egal in welcher Form wir versucht werden, egal welche Maske das Böse trägt, standhaft sein wie Jesus, damit sein Lohn auch unser Lohn sein wird.

Sollte Jesus so etwas gehabt haben wie ein – den Begriff selbst mag's so noch nicht gegeben haben, die Sache an sich aber doch wohl – *Damaskus-Erlebnis*? Also wie Paulus vor der Stadt Damaskus ein Berufungserlebnis, bei dem ihm ein Licht aufging, die Erkenntnis einschoss, dass sein bisheriges Leben falsch, unvollständig war und er nun fortan sein Leben kompromisslos in den Dienst dieser Erkenntnis stellen müsse; dienen bis zum Ende, dienen bis zum Tod?

Auch in diesem Evangelium ist schließlich vom *Licht* die Rede, das *die Finsternis erhellt* (Mt 4,16). Gegen Ende resümiert der Evangelist: *Von da an begann Jesus zu verkündigen* (Mt 4,17). Er hat damit einen bestimmten Moment im Auge, vielleicht ähnlich jenem Wendepunkt im Leben des *Saulus*, der aus ihm einen *Paulus* machte.

Gar nicht wenige Studien wurden dieser Frage gewidmet. Gibt es ein Berufungserlebnis (wir hören von den Berufungen der Jünger Jesu, Mt 4,18ff.), aber gibt es auch ein Berufungserlebnis des Rufenden, Jesu selbst, dessen Spuren wir im Neuen Testament finden könnten?

Eine sehr menschliche Zugangsweise, deren Maßstab aus dem realen Leben gegriffen ist; allerdings aus einem rein *menschlichen* realen Leben. Wer so fragt, unterstellt womöglich implizit, dass Jesus nicht immer gar so fromm gewesen sein könnte, seinen Weg erst über Umwege finden musste, stolperte, sprich auch mal sündigte, fiel, doch wieder aufstand. Mit einem solchen „konkreten, menschlichen, nicht abgehobenen" Jesus könnten sich viele auch leichter identifizieren (so munkeln manche), weil er sie „dort abholt, wo wir selber stehen"; verstrickt in Ausreden und Sünde. Wer so fragt, präsentiert Jesus *menschlicher*, *zieht* ihn zu uns *herunter*, in der (irrigen) Meinung, es den Menschen so leichter zu machen, zu Jesus als Vorbild aufblicken zu können.

Das Gegenteil ist der Fall. Wer Jesus kleiner macht, zu einem von den Seinen macht (ein Vorbild zwar, doch auch nicht mehr): Woher sollte hier jemandem der Ansporn erwachsen, sich selbst Jesus anzugleichen, ihm nacheifern zu wollen? Ein *Bruder* Jesus wird schon Verständnis mit uns *Brüdern* haben; er ist ja unser Bruder. Ja; gewiss, stimmt, zweifellos. Doch die Bibel nennt ihn *Herr,* genauso wie sie Gott-Vater *Herr* nennt mit demselben Wort.

Das Neue Testament berichtet nicht über ein Berufungserlebnis, ein *Damaskus-Erlebnis* im Sinne eines Zeitpunkts, an dem Jesus ein *Kronleuchter der Einsicht* aufging: *Von da an begann er zu verkündigen* markiert den Moment (wenn man so salopp sagen darf), in dem Jesus den Mund aufmachte, sich der Öffentlichkeit stellte, sich zu erkennen gab als der, der er ist: Sohn Gottes als Menschensohn erschienen.

Was Paulus vor Damaskus *aufleuchtet, einleuchtet*, ist eben dies: Jesus Christus *ist* die Wahrheit in Person; die Wahrheit über Gott und die Wahrheit über den Menschen. Jesus Christus musste Glaube nicht lernen, da Glaube sein Wesen ist. Sein Weg, der *neue*, wie noch Saulus ihn erfuhr, ist keine Abweichung, keine Sonderspur, sondern Zieleinlauf, der auch uns noch offensteht, wenn wir nur wollen.

Pilatus stellte die alles entscheidende Frage, die noch unsere Zeit plagt: *Was ist Wahrheit?* (Joh 18,38). Wir haben uns angewöhnt, dass es Wahrheit nicht geben kann, weil wir Menschen mit unseren technischen und intellektuellen Fähigkeiten nicht in der Lage sind, sie zu bestimmen; im Religiösen wie im Praktischen. Jeder hat Anteil an der Wahrheit, ganz aber ist sie nur im Sohn zu finden. Freilich wird jeder kleine Max niemals Wahrheit *in toto* erfassen und begreifen. Das sagt aber lediglich etwas über Menschen, nicht aber über Gott. Die Menschen anderer Geisteshaltung, als sie dem heutigen *mainstream* entspräche, leben auch deswegen entspannter, weil sie sich nicht für Gott halten; was der *mainstream* implizit tut.

Die Frage des Pilatus ist richtig und falsch zugleich: Die Suche nach *der* Wahrheit endet für uns Christen nicht in einem *Was*, sondern in einem *Wer. Wer ist die Wahrheit?*

Für Glaubende Jesus Christus, der Wahrheit *nicht findet* oder gar *erfindet*, sondern Wahrheit *ist*. Und weil es diese Wahrheit selbst ist, die sich uns zeigt, sich öffentlich macht und offenbart, müssen wir nicht suchen, zurechtreimen, interpretieren, sondern schlicht anerkennen, in einem Entscheidungsmoment, den wir Damaskus-Erlebnis nennen.

Johannes 2,1-11 In Kana in Galiläa

¹ Am dritten Tag fand in Kana in Galiläa eine Hochzeit statt, und die Mutter Jesu war dabei.

² Auch Jesus und seine Jünger waren zur Hochzeit eingeladen.

³ Als der Wein ausging, sagte die Mutter Jesu zu ihm: Sie haben keinen Wein mehr.

⁴ Jesus erwiderte ihr: Was willst du von mir, Frau? Meine Stunde ist noch nicht gekommen.

⁵ Seine Mutter sagte zu den Dienern: Was er euch sagt, das tut!

⁶ Es standen dort sechs steinerne Wasserkrüge, wie es der Reinigungsvorschrift der Juden entsprach; jeder faßte ungefähr hundert Liter.

⁷ Jesus sagte zu den Dienern: Füllt die Krüge mit Wasser! Und sie füllten sie bis zum Rand.

⁸ Er sagte zu ihnen: Schöpft jetzt, und bringt es dem, der für das Festmahl verantwortlich ist. Sie brachten es ihm.

⁹ Er kostete das Wasser, das zu Wein geworden war. Er wusste nicht, woher der Wein kam; die Diener aber, die das Wasser geschöpft hatten, wussten es. Da ließ er den Bräutigam rufen

¹⁰ und sagte zu ihm: Jeder setzt zuerst den guten Wein vor und erst, wenn die Gäste zu viel getrunken haben, den weniger guten. Du jedoch hast den guten Wein bis jetzt zurückgehalten.

¹¹ So tat Jesus sein erstes Zeichen, in Kana in Galiläa, und offenbarte seine Herrlichkeit und seine Jünger glaubten an ihn.

In Wahrheit muss diese *Hochzeit von Kana* ja ein veritables Besäufnis gewesen sein; denn erst als der erste Wein ausgegangen war, wandelt Jesus sechs Wasserkrüge à jeweils 100 Liter nochmals in wesentlich besseren Wein. Offensichtlich; der gute Gott kann nur den besten Tropfen gerieren, ein Jahrtausendwein muss das gewesen sein, ein Ewigkeitstropferl! Vermuten wir bei einer orientalischen Hochzeit rund 300 Gäste, plus den ersten Wein, kam wohl jeder auf Minimum von drei Litern, in Wahrheit einiges mehr, denn die Antike trank Wein selten unvermischt. Ein Kost- und Lebensveräachter war dieser Jesus nicht.

Und wir erinnern uns an jene Worte *Über Johannes hat sich das Volk das Maul zerrissen, weil er in Lumpen rumlief und fastete, über den Messias lästern sie, weil sie ihn für einen Fresser und Säufer hielten, einen Freund der Zöllner und Sünder* (Mt 11,18ff.). Jesus hatte ein gewisses Talent, seine Gegner ganz subtil zu beschämen. *Nicht die Gesunden brauchen den Arzt, sondern die Kranken* (Mk 2,17). Zu den Sündern also muss ich gehen, sie abholen, nicht die anderen. Ein weiteres Wort aber sagt: *Nichts, was von außen in den Menschen hineinkommt, macht ihn unrein, sondern was aus seinem Inneren herauskommt*, jedes Wort, jeder Gedanke, jede Untat (vgl. Mk 7,15.20). Wer ist denn nun der Kranke und wer der Gesunde?

In so manchem Gleichnis mahnt uns Jesus, nicht dumm, nicht naiv zu sein, sondern unsere Talente und Mittel zu nützen, nicht zu vergraben, Profit zu schlagen, sogar verschlagen zu sein, wenn es uns zum Guten dient. *Seid schlauer als die Kinder dieser Welt und macht euch Freunde mit dem ungerechten Mammon* (Lk 16,8f.). Den ungerechten Verwalter lobt er am Ende, weil er die Schuldscheine der Gläubiger seines Herrn zerreißt, nur damit sie ihn aufnehmen, wenn sein Herr ihn rausschmeißt.

Ja, liebe Schwestern und Brüder, eine jenseitsfixierte, notorische Spaßbremse sieht anders aus.

Sogar in der Theorie seiner Lehre lässt sich diese positive Lebenseinstellung und Weltzugewandtheit nachzeichnen; etwa an den Gnadengaben, die uns Paulus an die Korinther als typisch christlich aufzählt. Man erkennt sie daran, dass sie anderen nützen, Weisheit vermitteln und Erkenntnis lehren, im Glauben stärken, in Schwachheit trösten, durch Wunderzeichen wirken, gut zureden können, den rechten Weg weisen und die Zeichen der Zeit richtig deuten (1 Kor 12,4ff.). Nur was zum Aufbau jeder Gemeinschaft beiträgt, stammt von Gott; was sie zerstört, stammt vom Bösen.

Was am Ende eines Tages, am Ende des Lebens, und damit vor Gott, zählen wird, ist weniger die selbstverständliche handwerkliche Leistung, die freilich zum Lebenserhalt täglich getan werden muss; was am Ende aber unser Leben erhält, im Diesseits wie im Jenseits, ist der Dienst am anderen, ob die Treue ernst war und die Liebe zuverlässig.

Nicht moralisch verbrämt, zu Tode geritten, sondern aus der Freude am Leben, aus dem Wissen, das wir aus Zuneigung und Hingabe leben, aus der Hoffnung, dass nur die Liebe Leben schenkt: schon im Akt der Zeugung bis hin zum Neugeboren-Werden in den Armen eines Menschen, der sich selbst verschenkt. Wer diese Kraft schenken kann, wer solche Liebe spüren darf, weiß, wie stark sie ist, ahnt, dass der Tod sie nicht zerstören kann.

Ich finde es schade, dass wir damals in Kana nicht dabei sein konnten: der Kater danach muss himmelschreiend gewesen sein, wenn er sogar Eingang in die Heilige Schrift gefunden hat. Und dennoch war er nur ein Vorgeschmack auf ein Fest, das kein Ende kennt.

Matthäus 4,18-25 Folgt mir nach!

¹⁸ Als Jesus am See von Galiläa entlangging, sah er zwei Brüder, Simon, genannt Petrus, und seinen Bruder Andreas; sie warfen gerade ihr Netz in den See, denn sie waren Fischer.

¹⁹ Da sagte er zu ihnen: Kommt her, folgt mir nach! Ich werde euch zu Menschenfischern machen.

²⁰ Sofort ließen sie ihre Netze liegen und folgten ihm.

²¹ Als er weiterging, sah er zwei andere Brüder, Jakobus, den Sohn des Zebedäus, und seinen Bruder Johannes; sie waren mit ihrem Vater Zebedäus im Boot und richteten ihre Netze her. Er rief sie,

²² und sogleich verließen sie das Boot und ihren Vater und folgten Jesus.

²³ Er zog in ganz Galiläa umher, lehrte in den Synagogen, verkündete das Evangelium vom Reich und heilte im Volk alle Krankheiten und Leiden.

²⁴ Und sein Ruf verbreitete sich in ganz Syrien. Man brachte Kranke mit den verschiedensten Gebrechen und Leiden zu ihm, Besessene, Mondsüchtige und Gelähmte, und er heilte sie alle.

²⁵ Scharen von Menschen aus Galiläa, der Dekapolis, aus Jerusalem und Judäa und aus dem Gebiet jenseits des Jordan folgten ihm.

Als Jesus am See von Galiläa entlangging (Mt 4,18): Wir sehen ihn durchaus, in der weiten, grünen, lebenden Landschaft des Seeufers, Berge ringsum, Menschen um ihn.

Galiläa ist so viel anders als der Lärm der Welt. Wir verstehen durchaus, wieso Gott in Galiläa Mensch sein wollte. In der Weite des Landes, an der Quelle des Wassers, zwischen Wassern des Lebens das Leben selbst.

Wie sehr wünschen wir uns auch, manchmal, am dürren, dürstenden Weg des Lebens ebenso wie Simon und Andreas Jesus zu begegnen, ihn zu sehen, ganz nah, uns ansprechen zu lassen, sich gerettet zu wissen. Ein machtvolles Wort: *Kommt, ich mache euch zu Menschenfischern* (Mt 4,19). Würden wir nicht auch alles liegen und stehen lassen, wenn das Leben selbst uns dazu einlädt? Was haben aber wohl Mütter und Väter, Geschwister und Frauen dazu gesagt?

Was Paulus dazu sagt, wissen wir: Verhaltet euch so, als hättet ihr niemand, weint und freut euch, als bekümmert es euch nicht, kauft, als interessiere es euch nicht. Nützet die Welt, als wäre sie euch egal (1 Kor 7,29ff.). Er sagt nicht: (das wäre einfacher) heiratet nicht, weint nicht, freut euch nicht, kauft nicht, nützet nicht. Nein: Heiratet, weint, freut, interessiert euch, nützet die Welt, aber lasst euch nicht benützen, lasst euch nicht ergreifen, euch besitzen, lasst euch nicht ablenken, von dem, was wirklich wesentlich ist und was letztlich über euch entscheiden wird. Die Dinge und Elemente dieser Welt vergehen, der Herr aber bleibt.

Wir wundern uns vielleicht, dass Simon und Andreas, Jakobus und Johannes keine Fragen stellen bei ihrer Berufung, sich nicht vergewissern und versichern wollen, sondern sich einfach aufmachen und mitgehen. Es scheint so, als dränge die Zeit, als würde es knapp, als müsse man sich beeilen. Und wahrlich, es hieß ja zu Beginn des Evangeliums: Jesus verkündete, *das Reich Gottes ist nahe, die Zeit ist erfüllt; kehrt um und glaubt* (Mk 1,15). Und Paulus ebenso: *Ich sage euch Brüder, die Zeit ist kurz, deshalb also tut, wie euch geheißen* (1 Kor 7,29).

Während aber Jesus das Kommen des Reiches Gottes im Blick hatte, Paulus das Wiederkommen Jesu, stellt sich doch die Frage: Was sollen wir damit anfangen? Weder kam das Reich Gottes noch kam Jesus wieder. Beide haben sich offenbar geirrt?

Das Problem ist alt und beschäftigt noch immer. Eine mögliche Antwort, vielleicht sogar Lösung, liegt in der Berufung der Jünger in die Nachfolge Jesu.

Jesus beruft, er ruft, er zeigt, er verweist – nicht auf sich, sondern auf Gott. Seine Jünger in seiner Nähe folgen seinem Beispiel und gelangen auf diesem Wege näher an das Geheimnis des Lebens, Gott selbst.

Wäre es nicht unfair, könnte, ja könnte Gott das wollen, uns nämlich, die später Geborenen, vom Heil auszuschließen, indem er zu früh wiederkäme? Wo wären wir, welche Chance zur Bewährung hätten wir, wäre er schon wiedergekommen?

Eine Antwort für die lange Zeit des Wartens, für das lange *Zwischenspiel* der Kirche, ist die Barmherzigkeit Gottes, der auf uns warten will, bis wir es auch geschafft haben in seine Nachfolge. Er wartet auf uns, deshalb müssen wir so lange warten (Hebr 11,40).

Das Wadi Qelt, hebräisch Nahal Prat, führt östlich von Jerusalem am griechisch-orthodoxen Georgskloster vorbei nach Jericho. Der aus drei Quellen gespeiste Fluss führt ganzjährig Wasser und beherbergt eine einzigartige Vielfalt von Pflanzen und Tieren.

Johannes 4,5-30.39-42 Ewiges Leben

⁵ So kam er zu einem Ort in Samarien, der Sychar hieß und nahe bei dem Grundstück lag, das Jakob seinem Sohn Josef vermacht hatte.

⁶ Dort befand sich der Jakobsbrunnen. Jesus war müde von der Reise und setzte sich daher an den Brunnen; es war um die sechste Stunde.

⁷ Da kam eine samaritische Frau, um Wasser zu schöpfen. Jesus sagte zu ihr: Gib mir zu trinken!

⁸ Seine Jünger waren nämlich in den Ort gegangen, um etwas zum Essen zu kaufen.

⁹ Die samaritische Frau sagte zu ihm: Wie kannst du als Jude mich, eine Samariterin, um Wasser bitten? Die Juden verkehren nämlich nicht mit den Samaritern.

¹⁰ Jesus antwortete ihr: Wenn du wüsstest, worin die Gabe Gottes besteht und wer es ist, der zu dir sagt: Gib mir zu trinken!, dann hättest du ihn gebeten, und er hätte dir lebendiges Wasser gegeben.

¹¹ Sie sagte zu ihm: Herr, du hast kein Schöpfgefäß, und der Brunnen ist tief; woher hast du also das lebendige Wasser?

¹² Bist du etwa größer als unser Vater Jakob, der uns den Brunnen gegeben und selbst daraus getrunken hat, wie seine Söhne und seine Herden?

¹³ Jesus antwortete ihr: Wer von diesem Wasser trinkt, wird wieder Durst bekommen;

¹⁴ wer aber von dem Wasser trinkt, das ich ihm geben werde, wird niemals mehr Durst haben; vielmehr wird das Wasser, das ich ihm gebe, in ihm zur sprudelnden Quelle werden, deren Wasser ewiges Leben schenkt.

¹⁵ Da sagte die Frau zu ihm: Herr, gib mir dieses Wasser, damit ich keinen Durst mehr habe und nicht mehr hierher kommen muss, um Wasser zu schöpfen.

¹⁶ Er sagte zu ihr: Geh, ruf deinen Mann, und komm wieder her!

¹⁷ Die Frau antwortete: Ich habe keinen Mann. Jesus sagte zu ihr: Du hast richtig gesagt: Ich habe keinen Mann.

¹⁸ Denn fünf Männer hast du gehabt, und der, den du jetzt hast, ist nicht dein Mann. Damit hast du die Wahrheit gesagt.

¹⁹ Die Frau sagte zu ihm: Herr, ich sehe, dass du ein Prophet bist.

²⁰ Unsere Väter haben auf diesem Berg Gott angebetet; ihr aber sagt, in Jerusalem sei die Stätte, wo man anbeten muss.

²¹ Jesus sprach zu ihr: Glaube mir, Frau, die Stunde kommt, zu der ihr weder auf diesem Berg noch in Jerusalem den Vater anbeten werdet.

²² Ihr betet an, was ihr nicht kennt, wir beten an, was wir kennen; denn das Heil kommt von den Juden.

²³ Aber die Stunde kommt, und sie ist schon da, zu der die wahren Beter den Vater anbeten werden im Geist und in der Wahrheit; denn so will der Vater angebetet werden.

²⁴ Gott ist Geist, und alle, die ihn anbeten, müssen im Geist und in der Wahrheit anbeten.

²⁵ Die Frau sagte zu ihm: Ich weiß, dass der Messias kommt, das ist: der Gesalbte (Christus). Wenn er kommt, wird er uns alles verkünden.

²⁶ Da sagte Jesus zu ihr: Ich bin es, ich, der mit dir spricht.

²⁷ Inzwischen waren seine Jünger zurückgekommen. Sie wunderten sich, dass er mit einer Frau sprach, aber keiner sagte: Was willst du?, oder: Was redest du mit ihr?

²⁸ Da ließ die Frau ihren Wasserkrug stehen, eilte in den Ort und sagte zu den Leuten:

²⁹ Kommt her, seht, da ist ein Mann, der mir alles gesagt hat, was ich getan habe: Ist er vielleicht der Messias?

³⁰ Da liefen sie hinaus aus dem Ort und gingen zu Jesus.

³⁹ Viele Samariter aus jenem Ort kamen zum Glauben an Jesus auf das Wort der Frau hin, die bezeugt hatte: Er hat mir alles gesagt, was ich getan habe.

⁴⁰ Als die Samariter zu ihm kamen, baten sie ihn, bei ihnen zu bleiben; und er blieb dort zwei Tage.

⁴¹ Und noch viel mehr Leute kamen zum Glauben an ihn aufgrund seiner eigenen Worte.

⁴² Und zu der Frau sagten sie: Nicht mehr aufgrund deiner Aussage glauben wir, sondern weil wir ihn selbst gehört haben und nun wissen: Er ist wirklich der Retter der Welt.

Das ist in der Tat die alles entscheidende Frage: *Ist Gott in unserer Mitte oder nicht* (Ex 17,7)? So einfach ist das, Ja oder Nein?

Die aus Ägypten herausziehenden Israeliten stellen sich das erste Mal diese Frage, als sie in der Wüste von Hunger und Durst heimgesucht werden und was doch so gut begann als Befreiung aus der Sklaverei, nun anzuzweifeln beginnen. Freiheit allein reicht nicht, es braucht auch Wasser und Brot, um leben zu können.

Und Gott, den sie provozieren und auf die Probe stellen, lässt sich auch auf die Probe stellen und gewinnt das Kräftemessen mit den Fleischtöpfen Ägyptens: Der an sich dürre Felsen quillt über und himmlisches Catering leistet ganze Dienste.

Wir wundern uns vielleicht darüber, dass Gott sich für sowas hergibt, sich um derlei Banales wie Essensversorgung kümmert. Sicher, wenn Hunger und Durst lebensbedrohlich werden, dann ist es nicht mehr banal, sondern existenziell und damit genau Gottes Metier. Ums Leben geht es ihm.

Wir wundern uns trotzdem immer noch darüber. Wir haben uns vielleicht angewöhnt, Gott in unseren banalen, alltäglichen Lebensumständen nicht mehr wahrzunehmen, vielleicht sogar auszuschließen. *Damit kann er doch nichts zu tun haben*; zumindest handeln wir oftmals so, wenn wir sündigen. Unser Gott führt oftmals eine Sonderexistenz in einer Wohlfühlnische unseres Lebens, erhaben und verklärt; praktische Lebenshilfe trauen wir ihm nicht zu, deswegen rufen wir ihn nicht mehr ständig an, ein Liedchen singen wir ihm bestenfalls, sonntags, bloß nicht werktags; nicht zu lange, bloß nicht ständig.

Und auch die Samaritaner stellen sich später diese Frage: *Ist Gott in unserer Mitte oder nicht?* Sie haben die Kultreform des Königs Joschija argwöhnisch aus der Ferne beobachtend abgelehnt; zu offensichtlich war sein Anliegen, alles Pilger- und Wallfahrerwesen in Jerusalem zu zentrieren, als er bestimmte: *Nur hier und nur hier ist Gott anzubeten* (2 Kön 23). Dagegen sie: Nein, auch bei uns ist Gott, hier auf dem Garizim. Der Streit schwillt über Jahrhunderte und beschäftigt auch die Wasserschöpferin am Brunnen Jakobs, sobald sich Jesus als Jude deklariert. Und auch er kennt seine Rolle: *Das Heil kommt von den Juden* (Joh 4,22).

Es kann ja in der Tat nicht unerheblich sein, wo Gott wohnt – und wer deshalb, sagen wir mal, den *besseren, einfacheren, effizienteren Draht* zu ihm hat.

Wiederum, am Jakobsbrunnen wie schon in der Wüste, geht's um Durst und Wasser, um Leben und Bestehen. *Lebendiges Wasser* ist für uns – und hier zeigt sich wieder unser Nischendenken – mit Christus gleichzusetzen. Zunächst einmal aber ist *lebendiges Wasser* bloß jenes, das lebt, sprich nicht schal, nicht abgestanden ist; kühles Nass, das erfrischt, nicht brühige Suppe, die verlischt. Deshalb sieht sich die Frau ja auch staunend um; Jesus hat kein Schöpfgefäß und der Brunnen ist tief. Sie erwartet ganz gewöhnlich dieses lebendige Wasser aus der Tiefe des Brunnens; sie erwartet nicht, dass der Herr seine Seite aufreißt, um sie in Engelschören eingebettet ewiglich zu laben.

Erst später versteht sie und deutet es immer noch sehr irdisch: *Gib mir dieses Wasser, damit ich nicht mehr schöpfen gehen muss* (Joh 4,15). Noch denkt sie an Magie und Wunder, noch nicht an das Evangelium. Wir aber denken nur noch ans Evangelium, und das so abgebrüht und verklärt, dass es mit unserem Leben jenseits der Kirchentür nichts mehr zu tun zu haben braucht.

Das ist in der Tat die alles entscheidende Frage: *Ist Gott in unserer Mitte oder nicht?* So einfach ist das; Ja oder Nein.

Glauben wir an seine Gegenwart im Brot der Eucharistie? Glauben wir an seine Gegenwart inmitten unseres Lebens, im Kreis der Menschen, im Innersten unserer selbst?

Wenn es um Wasser geht, um Brot und Wein, dann sind wir im Zentrum des Lebens angekommen. Das lebendige Wasser Jesu ist sein Leben und sein Wort für das Leben und das Überleben der Welt.

Lukas 6,17-26 Und er heilte alle

¹⁷ Jesus stieg mit ihnen den Berg hinab. In der Ebene blieb er mit einer großen Schar seiner Jünger stehen, und viele Menschen aus ganz Judäa und Jerusalem und dem Küstengebiet von Tyrus und Sidon

¹⁸ strömten herbei. Sie alle wollten ihn hören und von ihren Krankheiten geheilt werden. Auch die von unreinen Geistern Geplagten wurden geheilt.

¹⁹ Alle Leute versuchten, ihn zu berühren; denn es ging eine Kraft von ihm aus, die alle heilte.

²⁰ Er richtete seine Augen auf seine Jünger und sagte: Selig, ihr Armen, denn euch gehört das Reich Gottes.

²¹ Selig, die ihr jetzt hungert, denn ihr werdet satt werden. Selig, die ihr jetzt weint, denn ihr werdet lachen.

²² Selig seid ihr, wenn euch die Menschen hassen und aus ihrer Gemeinschaft ausschließen, wenn sie euch beschimpfen und euch in Verruf bringen um des Menschensohnes willen.

²³ Freut euch und jauchzt an jenem Tag; euer Lohn im Himmel wird groß sein. Denn ebenso haben es ihre Väter mit den Propheten gemacht.

²⁴ Aber weh euch, die ihr reich seid; denn ihr habt keinen Trost mehr zu erwarten.

²⁵ Weh euch, die ihr jetzt satt seid; denn ihr werdet hungern. Weh euch, die ihr jetzt lacht; denn ihr werdet klagen und weinen.

²⁶ Weh euch, wenn euch alle Menschen loben; denn ebenso haben es ihre Väter mit den falschen Propheten gemacht.

οὐαι,! Man hört förmlich das Bedrohliche in diesen vier aufeinanderfolgenden Vokalen des Griechischen; im Lateinischen wird es zu *vae*, das womöglich auch dem deutschen *Weh, Wehe* Pate stand. *Weh euch, die ihr reich und satt seid und jetzt lacht, es wird euch nicht bekommen!* οὐαί!

Was oftmals generalisierend gemünzt wird auf eine *Armut im Geiste*, eine *Bescheidenheit des Herzens* – die Seligpreisungen –, gewährt uns tatsächlich Einblick in die Entstehungszeit des Lukasevangeliums. Ein Schlüsselsatz nämlich lautet: *Selig seid ihr, wenn euch die Menschen hassen und aus ihrer Gemeinschaft ausschließen, wenn sie euch beschimpfen und euch in Verruf bringen um des Menschensohnes willen* (Lk 6,22).

μακάριοί ἐστέ – *Selig seid ihr!* Klingt auch gleich viel angenehmer und einladender als οὐαί. Die *Makarioi* sind die Begüterten, die Glückseligen, die sich keine Sorgen machen müssen, die unbekümmert leben dürfen, Bewohner einer Insel der Seligen. Für die Griechen ist das das Reich der Verstorbenen, weil zeitlebens eine solche Unbeschwertheit des Lebens nur für die Wenigsten, die ganz Groß-Begüterten, zu erhoffen ist. So unbeschwert glückselig nennt Jesus jene, die sich ihm anschließen. Es ist und soll sein auf Erden, als wären sie bereits im Himmel.

Die Erfahrung der ersten Christengemeinden aber ist eine andere. Verhasst und ausgeschlossen sind sie, beschimpft werden sie und in Verruf gebracht, wohl von den sprichwörtlichen anderen, die sich nicht dem Glauben an Jesus anschließen wollen; in Verruf gebracht *um,* wie es heißt, *des Menschensohnes willen* (Lk 6,22).

Der Menschensohn hier ist Jesus. *Menschensohn* ist hier nicht mehr irgendwer, sondern bereits ein fester Titel. Jener Menschensohn, von dem der Prophet Daniel schon wusste, *er kommt auf den Wolken des Himmels* (Dan 7,13). Eben *jener Menschensohn,* der sich als Gottessohn offenbarte.

Lukas legt in seiner Erzählung des Lebens Jesu dieses Bekenntnis Jesus selbst in den Mund, um seiner Gemeinde zu zeigen: Seid nicht traurig, vielmehr glücklich; was ihr jetzt erleben müsst, hat Jesus bereits vorhergesagt, es ist Teil seines Planes, es kann gar nicht anders sein, wenn alles seinen von Gott vorherbestimmten Weg gehen soll. So und nicht anders.

Die einzelnen Seligpreisungen und Weherufe spiegeln eine konkrete Zeit und Situation wieder. Auch *wenn wir jetzt arm sind, hungern und weinen* (der Ausschluss aus dem Gemeindeverband bedeutete den Wegfall sozialer Absicherung und Versorgung; wie ein Pestkranker oder Obdachloser, ausgeschlossen aus der Wohlfahrt seiner Familie, abgeschieden am Rand der Gesellschaft lebend): *Wir werden satt werden und lachen* (Lk 6,21)! Auch wenn diese Welt uns nicht will: Das Reich Gottes ist unser und ebenso der Lohn des Himmels.

Nur das Wort *vom Hungern* und *vom Weinen* kehrt sich um im Vergleich zwischen Seligpreisungen (μακάριοί ἐστέ) und Weherufen (οὐαί): *Wer jetzt hungert, wird dann satt; wer jetzt weint, wird dann lachen* und folgerichtig: *Wer jetzt satt ist, wird dann hungern; wer jetzt lacht, wird dann weinen*. Die Botschaft ist klar: Nichts bleibt auf immer so, wie es jetzt ist; die Zukunft wird zeigen, wer im Recht ist und genaugenommen schon immer im Recht war, auch wenn's im Trubel des Überflusses verdeckt sein konnte.

Aber die anderen beiden Seligpreisungen vom *Arm-Sein* und vom *Gehasst-Werden* finden auf der Wehe-Seite keine wirkliche Entsprechung nach dem Muster der einfachen Umkehrung wie bei den anderen beiden: *Die Armen werden das Reich Gottes erben* heißt es, doch auf der Gegenseite: *Die Reichen werden keinen Trost erfahren* (Lk 6,24). Das also meint *Reich Gottes*: Kein politisches Konstrukt neuer Machtverteilung quasi von oben nach unten, die Benachteiligten an der Macht beteiligen, sondern echter Ausgleich. Für erlittenes Unrecht Trost erfahren dürfen. Nichts wird ungeschehen gemacht, nichts retouchiert, jeder kommt zu seinem Recht. Die Armen erfahren Trost, die Reichen nicht, im Reich Gottes.

Dem entspricht die vierte Seligpreisung. *Wer jetzt gehasst wird, ausgeschlossen sich erfährt, empfängt den Lohn des Himmels; wer jetzt aber schon von den Menschen gelobt wird, der ...* (Lk 6,22.26), und hier schweigt der Text plötzlich. Dem Lohn im Himmel entspricht auf der Gegenseite nichts. Hier gähnt eine Leere. Logisch, da alle Vergleiche bislang mit Gegensatzbegriffen operierten, müsste hier Hölle oder Fegefeuer ergänzt werden; denn wenn Reich Gottes Trost meint, dann ist das Nicht-getröstet-Werden derer, die in ihrem Leben schon alles hatten und sich um nichts scherten, eben fern zu sein, ausgeschlossen von einem solchen Reich Gottes.

Lukas kann diese Schlussfolgerung seinen Zuhörern überlassen; nichts anderes als das erwartet die οὐαί! In seiner Rhetorik hat er darauf hingearbeitet. Sie ist das Nichts, die Inexistenz, hier kommt nichts mehr. Während die jetzt Armen dann – also nach ihrem Tod – bei Gott im Himmel sein werden, werden die jetzt Reichen dann – also nach ihrem Tod – tatsächlich auch im Tod bleiben.

Auf was nicht alles die *Seligpreisungen* und *Weherufe* im Laufe der Kirchengeschichte schon gedeutet worden sind! Unsere Zeit und Situation ist ja eine andere: Weder hungern wir noch sind wir arm noch weinen wir noch werden wir ausgeschlossen. Unser Glaube ist mehrheitsfähig; wenn auch nicht in allen Teilen der Welt, so doch in vielen. Wir sind reich, satt und lachen und werden gelobt. Doch Vorsicht! Damit kommen wir heute plötzlich auf der Seite der *Weherufe* zu stehen. Wie schaffen wir es trotz der veränderten Ausgangslage wieder auf die Insel der Seligen?

Für Lukas ist die alles entscheidende Frage: Wem vertraue ich? Dem richtigen Propheten oder den falschen Propheten? Auf wen setze ich meine Hoffnung? Brülle ich mit der Masse oder wage ich den Seitenblick? Gehe ich den Weg des Opportunismus oder wage ich den Widerstand? Mache ich es mir einfach oder ergreife ich Partei? Handle ich nach meinem Gewissen oder nach der Parole der anderen? Vertraue ich auf Gott oder baue ich auf Menschen?

Lukas ruft uns in Erinnerung: Bedenkt, so ein Menschenleben endet einmal; das der Rädelsführer und *opinion leader* ebenso wie das der vermeintlich unschuldig Verführten. Was bleibt ist jener Gott, der vorher schon war und nachher immer noch sein wird. Es ist der Gott, der uns garantiert, dass nichts unbelohnt und nichts ungesühnt bleiben wird. Jener Gott, der anschließend das für das Gesamt wiederherstellen wird, was wir Menschen zerstören: Gerechtigkeit.

Matthäus 5,20-37 Euer Ja sei ein Ja!

²⁰ Darum sage ich euch: Wenn eure Gerechtigkeit nicht weit größer ist als die der Schriftgelehrten und der Pharisäer, werdet ihr nicht in das Himmelreich kommen.

²¹ Ihr habt gehört, dass zu den Alten gesagt worden ist: Du sollst nicht töten; wer aber jemand tötet, soll dem Gericht verfallen sein.

²² Ich aber sage euch: Jeder, der seinem Bruder auch nur zürnt, soll dem Gericht verfallen sein; und wer zu seinem Bruder sagt: Du Dummkopf!, soll dem Spruch des Hohen Rates verfallen sein; wer aber zu ihm sagt: Du (gottloser) Narr!, soll dem Feuer der Hölle verfallen sein.

²³ Wenn du deine Opfergabe zum Altar bringst und dir dabei einfällt, dass dein Bruder etwas gegen dich hat,

²⁴ so lass deine Gabe dort vor dem Altar liegen; geh und versöhne dich zuerst mit deinem Bruder, dann komm und opfere deine Gabe.

²⁵ Schließ ohne Zögern Frieden mit deinem Gegner, solange du mit ihm noch auf dem Weg zum Gericht bist. Sonst wird dich dein Gegner vor den Richter bringen, und der Richter wird dich dem Gerichtsdiener übergeben, und du wirst ins Gefängnis geworfen.

²⁶ Amen, das sage ich dir: Du kommst von dort nicht heraus, bis du den letzten Pfennig bezahlt hast.

²⁷ Ihr habt gehört, dass gesagt worden ist: Du sollst nicht die Ehe brechen.

²⁸ Ich aber sage euch: Wer eine Frau auch nur lüstern ansieht, hat in seinem Herzen schon Ehebruch mit ihr begangen.

²⁹ Wenn dich dein rechtes Auge zum Bösen verführt, dann reiß es aus und wirf es weg! Denn es ist besser für dich, dass eines deiner Glieder verlorengeht, als dass dein ganzer Leib in die Hölle geworfen wird.

³⁰ Und wenn dich deine rechte Hand zum Bösen verführt, dann hau sie ab und wirf sie weg! Denn es ist besser für dich, dass eines deiner Glieder verlorengeht, als dass dein ganzer Leib in die Hölle kommt.

³¹ Ferner ist gesagt worden: Wer seine Frau aus der Ehe entlässt, muss ihr eine Scheidungsurkunde geben.

³² Ich aber sage euch: Wer seine Frau entlässt, obwohl kein Fall von Unzucht vorliegt, liefert sie dem Ehebruch aus; und wer eine Frau heiratet, die aus der Ehe entlassen worden ist, begeht Ehebruch.

³³ Ihr habt gehört, dass zu den Alten gesagt worden ist: Du sollst keinen Meineid schwören, und: Du sollst halten, was du dem Herrn geschworen hast.

³⁴ Ich aber sage euch: Schwört überhaupt nicht, weder beim Himmel, denn er ist Gottes Thron,

³⁵ noch bei der Erde, denn sie ist der Schemel für seine Füße, noch bei Jerusalem, denn es ist die Stadt des großen Königs.

³⁶ Auch bei deinem Haupt sollst du nicht schwören; denn du kannst kein einziges Haar weiß oder schwarz machen.

³⁷ Euer Ja sei ein Ja, euer Nein ein Nein; alles andere stammt vom Bösen.

Es ist die alte *Zwei-Wege-Lehre*, die wir hier in der Version Jesu hören. Es gibt nur zwei Wege, es kann nur zwei Wege geben: Einen guten und einen schlechten, einen zielführenden und einen abseitsführenden. Es gibt keinen Weg, der beides gleichzeitig kann: Sinnvoll sein *und* unheilvoll sein. Mit der einen Methode erlangt man, was man sich vorgenommen hat, mit der anderen verfehlt man seine Absicht.

Schon die alten Hochkulturen bedienen sich dieses Bildes der zwei Wege. Unterwegs, zu Fuß, von A nach B, waren und sind ja alle Menschen, jeden Tag ihres Lebens. Wege aber können auch symbolisch sein, Mühen meinen, Ansichten und Lehrmeinungen bezeichnen. Wenn ein Weg auf das Ganze des Lebens bezogen werden soll, dann wird er durchaus zum Lebensweg. Im Rückblick erkenne ich, wie er verlaufen ist, ob sich alles gefügt hat, wie ich wollte, oder ob einiges versäumt wurde oder nur vermittels Umwegen erreicht werden konnte.

Der *Umweg* scheint mir bedenkenswert. Er ist dieser Zwischenweg zwischen dem guten und dem schlechten Pfad. Eigentlich wollte man ja auf direktem Weg in den Hafen, doch innere Unsicherheit und äußere Unruhe veranlassten einen Umweg. Letztlich aber führte auch er ins Ziel. Ob der Umweg wirklich notwendig war, ob das Unwetter uns wirklich umgehauen hätte, werden wir nie erfahren.

Es stimmt nicht, dass wir nur im Rückspiegel unseren Lebensweg nachzeichnen können, seinen Sinn erkennen. Menschen ist es möglich, auch im Voraus ihrem Leben Sinn zuzusprechen. Wir treffen Entscheidungen, wir planen, wir heiraten, wir bauen. Das sind Entscheidungen von langer Dauer, kurz im Vergleich zu den Jahren, in denen uns diese Momente prägen werden. Nichts davon kann leichtfertig sein, ob ich mich verpflichte, scheide, von Neuem aufraffe zu Menschen, Dingen, Zielen.

Zu solchen Entscheidungen gehört als ihre tragende Grundlage die Grundsatzentscheidung. Ob ich zu den Guten oder den Bösen zählen möchte, zu jenen, die helfen oder zu jenen, die missbrauchen. Grundsatzentscheidung, weil sie – sobald getroffen, überlegt, nicht leichtfertig – die vielen Einzelentscheidungen des Lebens und des Tages begründet. Mag auch nicht alles Einzelne in vollem Umfang gelingen, wird doch die Grundsatzentscheidung nicht hinfällig. Wer würde nicht einmal in einer Partnerschaft auch streiten wollen?

Eine solche Grundsatzentscheidung ist auch der Zölibat des Priesters; in einer Welt häufigen Partnerwechsels schwierigst bis gar nicht nachzuvollziehen. Wenn einzelne Priester scheitern, der einzelne Priester in kurzen Momenten scheitert, eine zutiefst sexualisierte Umgebung ihn kein Stück weit mitzutragen bereit ist, so kann das doch nicht bedeuten, die Grundsatzentscheidung, den Zölibat, in Abrede zu stellen.

Wenn es stimmen soll, dass ein Priester Mittler sein soll zwischen Himmel und Erde, so muss er – *von dieser Welt genommen* (vgl. Hebr 5,1) – auch den Himmel zur Erde bringen; in seiner Existenz, seinem Leben verdeutlichen, dass es mehr, anderes gibt als diese Welt. Er darf sich nicht der Welt anpassen, er verliert sonst den Himmel, dessentwegen er doch lebt und west.

Euer Ja, sei ein Ja, euer Nein ein Nein (Mt 5,37). Denkt nicht schon beim Ja-Sagen an die Ausnahmemöglichkeiten, und beim Nein-Sagen nicht an Fluchtversuche. Sonst ist euer Herz geteilt; ihr könntet so nicht geben und nicht lieben und braucht euch auch nicht zu wundern, wenn sich Glück und Heil just und just nicht einstellen wollen.

Der Berg Tabor ist nach christlicher Überlieferung der Berg der Verklärung Jesu. Seit 1631 ist die Stätte in franziskanischen Händen, die dort in den 1920er-Jahren die heutige Verklärungsbasilika erbauten.

Markus 6,30-34 Der gute Hirt

³⁰ Die Apostel versammelten sich wieder bei Jesus und berichteten ihm alles, was sie getan und gelehrt hatten.

³¹ Da sagte er zu ihnen: Kommt mit an einen einsamen Ort, wo wir allein sind, und ruht ein wenig aus. Denn sie fanden nicht einmal Zeit zum Essen, so zahlreich waren die Leute, die kamen und gingen.

³² Sie fuhren also mit dem Boot in eine einsame Gegend, um allein zu sein.

³³ Aber man sah sie abfahren, und viele erfuhren davon; sie liefen zu Fuß aus allen Städten dorthin und kamen noch vor ihnen an.

³⁴ Als er ausstieg und die vielen Menschen sah, hatte er Mitleid mit ihnen; denn sie waren wie Schafe, die keinen Hirten haben. Und er lehrte sie lange.

Im Israel-Museum in Jerusalem kann man sich davon überzeugen, dass die Figur des *Guten Hirten* keine spezifisch christliche Erfindung ist; es gab sie schon lange vor Jesus, bei den Griechen, Etruskern und Römern und offenbar auch in Phönizien.

Hirt zu sein in Kulturen, die aus Landwirtschaft und in Nomadenumtriebigkeit leben, ist eine lebenswichtige, eine überlebensnotwendige Aufgabe. Die Herde zu hüten, dass sie zusammenbleibt, nicht verloren geht, für sie zu sorgen, dass sie gedeiht, nicht gerissen wird von Fremden, sich beinah schon ihrem Lebensrhythmus anzupassen, zu wachen, wenn andere schlafen, all dies verbindet sich in unseren Gedanken mit der Figur eines Hirten.

Kein Wunder, wenn in einem zweiten Schritt nun auch ein König, der sorgende, der wachende, der richtende, als Hirte seines Volkes bezeichnet wird. Manchmal wird er es vielleicht auch gewesen sein, ein wahrhaftig guter Hirte; öfter wird man sich aber den König, den Despoten, den Tyrannen, als erfolglosen Hirten gewünscht haben, von dem die Herde bald erlöst sein möge.

Jesus, der Gute Hirt, er übersteigt diese Vorstellungen und Begrifflichkeiten ein weiteres Mal. Er ist nicht Hirt seiner Schafe als Hüter von Blökenden, er ist nicht Hirt seiner Schafe als Wahrer irdischer Glückseligkeit, er ist Hirt seiner Schafe als Anführer zur Ewigkeit (siehe Hebr 2,10).

Raus aus der Engstirnigkeit gesellschaftlicher Verpflichtung zur Freiheit der Kinder Gottes, raus aus der Engherzigkeit kleinkarierter Eigenbrödelei zum liebevollen Miteinander der Kinder Abrahams.

Der Lohn aber bleibt ident: Saftiges Grün auf einer endlosen Weide, erhoben aber in himmlische Auen, das wahre Land seiner Ruhe (siehe Hebr 3 und 4).

Als er ausstieg und die vielen Menschen sah, hatte er Mitleid mit ihnen, denn sie waren wie Schafe, die keinen Hirten haben. Und er lehrte sie lange (Mk 6,34). Dieses *lange Lehren Jesu* kann verschiedene Gründe haben. Seine Zuhörerschaft ist womöglich schwer von Begriff, langsam im Verstehen; es dauert dann eben etwas länger. Ihre Herzenshärte hat einen Grad von Gleichgültigkeit erreicht, die sich nicht umgehend auflösen lässt; Jesus braucht länger, um gehört, verstanden, geliebt zu werden. Womöglich hat Jesus aber auch so viel uns zu sagen, das nicht in den paar Minuten einer verhallenden Predigt abgetan sein mag. Vielleicht aber – sie hatten vielleicht schon lange keine Hirten – sind sie es nicht mehr gewohnt zuzuhören jemandem, dem sie nicht auch gleichgültig sind, er hatte ja Mitleid mit ihnen.

Ein wenig von alledem mag auf uns alle ein wenig zutreffen. Wir brauchen manchmal schon sehr lange, um Christus im Antlitz des Nächsten zu entdecken. Dabei wäre das doch der einzige und wahre Weg *zum inneren Seelenfrieden hier* und *zur ewigen, grünen Weide der Auferstehung dort*.

Markus 7,31-37 Effata – Öffne Dich!

³¹ Jesus verließ das Gebiet von Tyrus wieder und kam über Sidon an den See von Galiläa, mitten in das Gebiet der Dekapolis.

³² Da brachte man einen Taubstummen zu Jesus und bat ihn, er möge ihn berühren.

³³ Er nahm ihn beiseite, von der Menge weg, legte ihm die Finger in die Ohren und berührte dann die Zunge des Mannes mit Speichel;

³⁴ danach blickte er zum Himmel auf, seufzte und sagte zu dem Taubstummen: Effata!, das heißt: Öffne dich!

³⁵ Sogleich öffneten sich seine Ohren, seine Zunge wurde von ihrer Fessel befreit, und er konnte richtig reden.

³⁶ Jesus verbot ihnen, jemand davon zu erzählen. Doch je mehr er es ihnen verbot, desto mehr machten sie es bekannt.

³⁷ Außer sich vor Staunen sagten sie: Er hat alles gut gemacht; er macht, dass die Tauben hören und die Stummen sprechen.

Gewöhnlich werden die Erzählungen der Evangelien durch einen einleitenden und einen abschließenden Satz gerahmt. Der erste gibt den Ort und vielleicht die Zeit an, der letzte formuliert eine Art Zusammenfassung oder zieht – wie es so schön heißt – die *Moral aus der Geschichte*.

Jesus hält sich hier im Gebiet der *Dekapolis*, der *Zehn-Stadt-Gegend* auf, die durch griechische Kultur und Lebensweise geprägt ist. Ausgerechnet hier, in diesem nicht sehr jüdisch anmutenden Umfeld, bringt man einen Taubstummen zu Jesus, damit er ihn durch Berührung heile. Die Leute trauen ihm offenbar einiges zu, sie werden schon von diesem Jesus gehört haben und wollen sich nun ein eigenes Bild machen.

Jesus erfüllt die Bitte, indem er den Mann auffordert: *Effata! – Öffne dich!* Er verwendet ein aramäisches Wort, um einen Griechen zu heilen. Die umstehenden Menschen reagieren: *Er hat alles gut gemacht; er macht, dass die Tauben hören und die Stummen sprechen* (Mk 7,37).

Dieser Schlusssatz bezieht sich zwar auf unsere konkrete Erzählung, geht aber darüber hinaus. Wenn Jesus zugesprochen wird, alles gut gemacht zu haben, dann erinnert das einen Menschen mit *biblischen Ohren* an den Schöpfungsbericht. *Und der Herr sah sich alles an, was er gemacht hatte; es war sehr gut* (Gen 1,31). Die Menschen, die Jesus erleben und seine Worte und Werke zu deuten suchen, denken schon in diese Richtung: Dieser Mensch gehört in die Nähe, an die Seite Gottes selbst. Sie sprechen ihm diese Position zu, im wahrsten Sinn des Wortes, sie akzeptieren sie. *Er macht, dass die Tauben hören, Stumme sprechen* (vgl. Jes 29,18; 42,18).

Effata – Öffne dich! Der Taubstumme hört jetzt und kann nun reden. Er ist vollwertiges Glied der Gesellschaft, kann am normalen Geschehen Anteil nehmen, sich einbringen.

Dieser Jesus sprengt unsere menschlich-beschränkte Vorstellungskraft. Die Evangelien müssen in Geschichten und Erzählungen ihren Glauben weitergeben, nicht um Jesu Wirken zu erklären oder gar zu ergründen und so wieder in menschliche Kategorien zu zwängen, sondern um seinem Geheimnis auf die Spur zu kommen.

Effata ist für Jesu Kirche vom *Heilungs*-ruf zum *Eingliederungs*-ruf geworden. Bei der Taufe heißt es nämlich: *So wollen wir den Herrn bitten, dass er diesem Kind helfe, seine Botschaft zu hören und zu bekennen. Der Herr lasse dich heranwachsen, und wie er mit dem Ruf Effata! dem Taubstummen die Ohren und den Mund geöffnet hat, öffne er auch dir Ohren und Mund, dass du sein Wort vernimmst und den Glauben bekennst zum Heil der Menschen und zum Lobe Gottes.*

Das Kleinkind oder der noch ungetaufte Erwachsene wird so mit dem Taubstummen des Evangeliums verglichen, will heißen, vor der Begegnung mit Jesus, dem lebendigen Wort Gottes, sind wir eingeschlossen in unsere eigene, kleine, selbstgemachte Welt; taub für Gott.

Öffne dich! Für das Wort Gottes, sei bereit mit Gottes Ruf in deinem Leben zu rechnen.

Öffne dich! Für das Bekenntnis zu diesem Gott in der Gemeinde; erzähl, was er in deinem Leben Gutes getan hat.

Öffne dich! Nimm Anteil und bringe dich ein.

All das ist *Re-aktion* auf Gottes Wort an uns, von ihm kommt der Anstoß, er tut den Anfang – wir antworten bloß noch.

Aber nicht in der Meinung, wir müssten Gott einen Gefallen tun oder ihm blindlings dienen. Unser Lob vermehrt ebenso wenig Gottes Herrlichkeit wie unser Schweigen nicht an seiner Ewigkeit kratzt. Unser Lob Gottes dient vielmehr unserer eigenen Heiligkeit und Ewigkeit.

Lukas 10,25-37 Der barmherzige Samariter

²⁵ Da stand ein Gesetzeslehrer auf, und um Jesus auf die Probe zu stellen, fragte er ihn: Meister, was muss ich tun, um das ewige Leben zu gewinnen?

²⁶ Jesus sagte zu ihm: Was steht im Gesetz? Was liest du dort?

²⁷ Er antwortete: Du sollst den Herrn, deinen Gott, lieben mit ganzem Herzen und ganzer Seele, mit all deiner Kraft und all deinen Gedanken, und: Deinen Nächsten sollst du lieben wie dich selbst.

²⁸ Jesus sagte zu ihm: Du hast richtig geantwortet. Handle danach, und du wirst leben.

²⁹ Der Gesetzeslehrer wollte seine Frage rechtfertigen und sagte zu Jesus: Und wer ist mein Nächster?

³⁰ Darauf antwortete ihm Jesus: Ein Mann ging von Jerusalem nach Jericho hinab und wurde von Räubern überfallen. Sie plünderten ihn aus und schlugen ihn nieder; dann gingen sie weg und ließen ihn halbtot liegen.

³¹ Zufällig kam ein Priester denselben Weg herab; er sah ihn und ging weiter.

³² Auch ein Levit kam zu der Stelle; er sah ihn und ging weiter.

³³ Dann kam ein Mann aus Samarien, der auf der Reise war. Als er ihn sah, hatte er Mitleid,

³⁴ ging zu ihm hin, goß Öl und Wein auf seine Wunden und verband sie. Dann hob er ihn auf sein Reittier, brachte ihn zu einer Herberge und sorgte für ihn.

³⁵ Am andern Morgen holte er zwei Denare hervor, gab sie dem Wirt und sagte: Sorge für ihn, und wenn du mehr für ihn brauchst, werde ich es dir bezahlen, wenn ich wiederkomme.

³⁶ Was meinst du: Wer von diesen dreien hat sich als der Nächste dessen erwiesen, der von den Räubern überfallen wurde?

³⁷ Der Gesetzeslehrer antwortete: Der, der barmherzig an ihm gehandelt hat. Da sagte Jesus zu ihm: Dann geh und handle genauso!

Der barmherzige Samariter des Evangelisten Lukas zählt zu den bekanntesten Texten der Heiligen Schrift. Schon bei den ersten Worten erscheint schlagartig die ganze Kulisse der Handlung vor unserem geistigen Auge und unsere Erinnerung an Ermahnungen über das rechte Verhalten von Christen, die wir irgendwo (Schule, Eltern, Pfarrer) einmal gehört haben, wird wachgerufen.

Alles schon gehört: Das macht ein fesselndes Darüber-Sprechen nicht einfach.

Alles schon gehört: Im *Kennen-wir-eh-schon-Gefühl* für den groben Handlungsverlauf treten die Details schnell in den überhörten Hintergrund.

Die Details sind folgende:

Nicht irgendwer, sondern justament ein Gesetzeslehrer stellt die Frage nach nicht irgendwas, sondern gleich nach dem Ausschlaggebenden des Lebens, nach dem ewigen Leben. Es ist ein Frage-Gegenfrage-Spiel um die rechte Lehre des Glaubens zwischen zwei Schriftkundigen. Er will Jesus – wie es heißt – *auf die Probe stellen* und nennt ihn (ebenso wie auch er von anderen genannt wird) *Meister* (Lk 10,25). In diesem Gegenüber verläuft das ganze Gespräch.

Jesus spielt dem Gesetzeslehrer den Ball zurück: *Was steht denn darüber im Gesetz?* Jener greift die Replik bereitwillig auf und antwortet, wie Jesus selbst es auch nicht besser könnte, indem er zwei Worte der alttestamentlichen Weisung verbindet: *Du sollst deinen Gott lieben mit ganzem Herzen; du sollst deinen Nächsten lieben wie dich selbst* (Lk 10,27).

Niemand sonst in dieser Zeit betrachtet diese Kombination so als ausreichende Erfüllung der vielen Einzelgebote des Gesetzes. Doch Jesus hebt hervor: Nicht um theoretisches Wissen geht es ihm, sondern darum, es auch ganz konkret zu befolgen: *Handle danach und du wirst leben* (Lk 10,28.37).

Der Gesetzeslehrer spürt die rhetorische Ohrfeige und kann sie nicht auf sich sitzen lassen, er schießt sofort zurück: *Und wer ist mein Nächster* (Lk 10,29)? Und vermeint, Jesus jetzt ausgebremst zu haben. Eine Retourkutsche, an der jedes Gespräch zum Scheitern verurteilt ist, weil sich nicht mehr vernünftig argumentieren ließe. Für jeden von uns ist doch ein anderer mein Nächster, heute genauso wie damals. Als Antwort Jesu überliefert uns Lukas nun die Erzählung vom barmherzigen Samariter.

Priester und Leviten, also die damaligen Kirchenleute, erscheinen hier in einem ganz schlechten Licht. Zweimal heißt es: *Er sah ihn und ging weiter* (Lk 10,31.32).

Die Kritik ist deutlich. Wer meint, mit Gottesdienst allein den Willen Gottes zu erfüllen, mit Messbesuch allein einen gnädigen Gott zu bekommen, irrt. Dieser Hinweis zielt auch auf alle heutigen Kirchenleute, Priester wie Laien, die Gott eifrig hinter dicken Mauern hochleben lassen, dem notleidenden Nächsten aber vor der Tür sein Lebensrecht verweigern.

Der barmherzige Samariter stammt zudem aus Samarien, gehört also einer gegenüber den Juden anderen Bevölkerungsgruppe an und ist darüber hinaus auch keine hochgestellte Persönlichkeit wie ein Priester oder Levit.

Jesus hat in seiner Antwortgeschichte die Frage des Schriftgelehrten bedeutsam verändert. Jesus schildert, *was* Nächstenliebe ganz konkret bedeutet und nicht nur theoretisch meinen könnte. Jesus sagt nicht, *wer mein Nächster ist* (das legt sich jeder anders zurecht), sondern fragt am Ende den verblüfften Schriftgelehrten: *Wer ist denn zum Nächsten für den Überfallenen geworden? Der, der barmherzig an ihm gehandelt hat.* Und Jesus beendet das Gespräch: *Dann geh und handle genauso* (Lk 10,37)!

Dann geh und handle genauso.

Lukas 11,1-13 Dein Name werde geheiligt

¹ Jesus betete einmal an einem Ort; und als er das Gebet beendet hatte, sagte einer seiner Jünger zu ihm: Herr, lehre uns beten, wie schon Johannes seine Jünger beten gelehrt hat.

² Da sagte er zu ihnen: Wenn ihr betet, so sprecht: Vater, dein Name werde geheiligt. Dein Reich komme.

³ Gib uns täglich das Brot, das wir brauchen.

⁴ Und erlass uns unsere Sünden; denn auch wir erlassen jedem, was er uns schuldig ist. Und führe uns nicht in Versuchung.

⁵ Dann sagte er zu ihnen: Wenn einer von euch einen Freund hat und um Mitternacht zu ihm geht und sagt: Freund, leih mir drei Brote;

⁶ denn einer meiner Freunde, der auf Reisen ist, ist zu mir gekommen, und ich habe ihm nichts anzubieten!,

⁷ wird dann etwa der Mann drinnen antworten: Lass mich in Ruhe, die Tür ist schon verschlossen, und meine Kinder schlafen bei mir; ich kann nicht aufstehen und dir etwas geben?

⁸ Ich sage euch: Wenn er schon nicht deswegen aufsteht und ihm seine Bitte erfüllt, weil er sein Freund ist, so wird er doch wegen seiner Zudringlichkeit aufstehen und ihm geben, was er braucht.

⁹ Darum sage ich euch: Bittet, dann wird euch gegeben; sucht, dann werdet ihr finden; klopft an, dann wird euch geöffnet.

¹⁰ Denn wer bittet, der empfängt; wer sucht, der findet; und wer anklopft, dem wird geöffnet.

¹¹ Oder ist unter euch ein Vater, der seinem Sohn eine Schlange gibt, wenn er um einen Fisch bittet,

¹² oder einen Skorpion, wenn er um ein Ei bittet?

¹³ Wenn nun schon ihr, die ihr böse seid, euren Kindern gebt, was gut ist, wie viel mehr wird der Vater im Himmel den Heiligen Geist denen geben, die ihn bitten.

Als klar ist, dass der Herr mit sich reden lässt, drückt Abraham zunächst um minus fünf, dann weiter in Zehnerschritten: 50, 45, 40, 30, 20, 10. Wer einmal in einem arabischen Land war, kann sich das richtig schön vorstellen. Abraham und der Herr feilschen wie in einem orientalischen Basar. Mit dem Unterschied, dass hier kein Preis soweit gedrückt werden soll, mit dem beide Parteien noch irgendwie leben können, sondern um die not-wendende Zahl der wenigen gerechten Menschen in Sodom und Gomorra wird gerungen, derentwegen auch der große, böse Rest verschont bleiben soll. Letztlich ahnt Abraham, dass es keine 10 Gerechten mehr geben könnte in Sodom (Gen 18,17ff.).

Die Dramatik dieses Textes ist in Einleitung, Szene, Beschreibung – Antwort – Frage – neues Angebot – offener Schluss – kaum noch zu steigern; aufgelöst wird diese aufgestaute Spannung *(Und wie viele Gerechte sinds jetzt wirklich?)* erst in den Rauchschwaden über den beiden Städten.

Ganz gegensätzlich dazu die traditionell ruhig-getragene Gebetsaura, in die wir gewohnheitsmäßig unser Vaterunser eintauchen, das Jesus seine Jünger lehrt, die ihn nach der richtigen Weise des Betens fragen. Die Heils-Idylle dieser Szene verbinden wir kaum mit toten Städten in der Nähe des Toten Meeres. Womöglich aber ist das nur unsere Sichtweise, die uns den Blick verstellt.

Ohne gefragt worden zu sein, fügt Jesus nahtlos hinzu, wozu denn Gebet gut sein soll, was es – im wahrsten Sinn des Wortes – bringen soll. So wie sich ein Freund um Mitternacht erweichen lässt aufzustehen, entweder aus Freundschaft oder aus Ärger über die nächtliche Ruhestörung, so wird sich der Herr nicht taub stellen, wenn ihr in Not geraten seid und ihn um Hilfe und Erhörung angeht: *Bittet, dann wird euch gegeben; sucht, dann werdet ihr finden. ... Denn wer bittet, der empfängt; wer sucht, der findet* (Lk 11,9f.). Nein, der Hüter Israels schläft und schlummert nicht (Ps 121,4).

Jesus zeichnet einen Vergleich mittels Schlangen und Skorpionen zwischen einem bösen Vater und seinen bittenden Kindern, wie viel mehr wird da der gute Vater denen geben, die ihn flehentlich bitten. Mit anderen Worten: Von besinnlichem Gott-liebt-uns-Kerzenschein und bunten Gebetsschals findet sich keine Spur. In beiden Fällen, zwischen dem Herrn und Abraham, zwischen dem Herrn und seinen Jüngern, steht das gefährdete Überleben von Menschen auf dem Spiel. Das ist der Kontext von Bittgebet und Fürbittgebet.

Streitet man aber, schimpft man aber mit, ist man „angefressen" auf Gott? Unsere gute Erziehung einerseits und unser Misstrauen andererseits (hört er uns denn, gibt es ihn überhaupt?) verbieten uns, mit diesem Gott auch Tacheles zu reden. Wieweit kann denn nun aber ein „Schönwettergott" in Zeiten meiner und der anderen Not und Krankheit, meines und der anderen Todes tragen?

In Abrahams Gottvertrauen liegt der Mut seines Streitens und die Kraft seines Lebens. Und er hat recht behalten; die wenigen Gerechten – es waren keine 10 – wurden gerettet. Wir stünden in guter Tradition mit dem feilschenden Abraham, dem kämpfenden Jakob, dem leidenden Hiob, dem sich in den Willen des Vaters fügenden Jesus, wenn uns unser verklärtes Gebetsverständnis nicht oftmals im Wege stehen würde.

Markus 10,46-52 Hab Erbarmen mit mir!

⁴⁶ Sie kamen nach Jericho. Als er mit seinen Jüngern und einer großen Menschenmenge Jericho wieder verließ, saß an der Straße ein blinder Bettler, Bartimäus, der Sohn des Timäus.

⁴⁷ Sobald er hörte, dass es Jesus von Nazaret war, rief er laut: Sohn Davids, Jesus, hab Erbarmen mit mir!

⁴⁸ Viele wurden ärgerlich und befahlen ihm zu schweigen. Er aber schrie noch viel lauter: Sohn Davids, hab Erbarmen mit mir!

⁴⁹ Jesus blieb stehen und sagte: Ruft ihn her! Sie riefen den Blinden und sagten zu ihm: Hab nur Mut, steh auf, er ruft dich.

⁵⁰ Da warf er seinen Mantel weg, sprang auf und lief auf Jesus zu.

⁵¹ Und Jesus fragte ihn: Was soll ich dir tun? Der Blinde antwortete: Rabbuni, ich möchte wieder sehen können.

⁵² Da sagte Jesus zu ihm: Geh! Dein Glaube hat dir geholfen. Im gleichen Augenblick konnte er wieder sehen, und er folgte Jesus auf seinem Weg.

Über den heiligen Pfarrer von Ars, Jean-Marie Vianney, wird Folgendes erzählt. Als er einmal in den späteren Nachmittagsstunden in seine Kirche kam, bemerkte er hinten im Dunkel der Kirche eine Gestalt sitzen, ein – so sah er aus – Bauer, der von der Arbeit kam. An mehreren Tagen wiederholte sich diese Szene. Dem Priester wurde bang, er fürchtete, dieser Mann könnte etwas aushecken, etwas im Schilde führen, weil er so häufig und regelmäßig hier auftauchte. *Sag mir, Bauer,* so sprach er ihn schließlich an, *was tust du hier jeden Tag?* Jener deutete schwerfällig in Richtung Tabernakel und sagte: *Er schaut mich an und ich schaue Ihn an.* Der Priester verstummte.

Wadi Qelt. In der Umgebung des Georgsklosters markieren Torbögen den Weg.

Sehr viel mehr als das war es auch nicht, was den blinden Bettler am Straßenrand von Jericho wieder sehend machte. Da kommt Jesus des Weges, von dem die Menschen so viel erzählen, da sieht der Blinde im übertragenen Sinne Erlösung auf sich zukommen und nutzt seine Chance, dem Elend seines Lebens zu entfliehen. *Jesus, Sohn Davids, hab Erbarmen mit mir* (Mk 10,48).

In der geminderten Kraft seiner Augen stolpert er auf Jesus zu, geht dem Licht der Welt entgegen, um von ihm wieder das Licht zu empfangen.

Frage: *Was soll ich dir tun?* Antwort: *Ich möchte sehen können!* Erfolg: *Geh, dein Glaube hat dir geholfen!* Geht`s noch einfacher? Kaum. Keine spektakulären Zeichen Jesu, keine großartigen Worte, kein heldenhaftes Bekenntnis, kein wissenschaftliches Lavieren. Der Bettler sieht Jesus an, Jesus sieht ihn an. Und beide wissen, ahnen, spüren, wie es um den anderen bestellt ist. Der eine kann helfen, der andere bedarf dieser Hilfe.

In unserem weitverzweigten, hochkomplexen Leben und Alltag verlieren wir inmitten von Technik, Wirtschaft und Wissenschaft, inmitten eines vollen Terminkalenders, inmitten des Laufes nach dem neuesten und aktuellsten Trendartikel den Blick für das Einfache.

Für Freundschaften, auf die man sich verlassen kann und die auch dann währen, wenn uns selbst das Glück verlässt; für Momente der Sehnsucht, des Wünschens nach Liebe, Geborgenheit und Angenommensein auch mit meinen Fehlern und Schwächen; für die Suche nach mir selbst, für die oft zu wenig Zeit bleibt.

Der Blick für das Wesentliche ist vornehmlich leise, schlicht und einfach, er macht wenig Umstände und wenig Worte und weil er so ist, kann er das endlose Geplapper dieser Welt, die unzähligen Werbeeinblendungen als das entlarven, was sie sind: Sie sind nicht mehr als der Wind, der gestern wehte und von dem heute niemand mehr weiß, wo er ist.

Jesus, Sohn Davids, erbarme dich unser.

Lukas 19,1-10 Zu retten, was verloren ist

¹ Dann kam er nach Jericho und ging durch die Stadt.

² Dort wohnte ein Mann namens Zachäus; er war der oberste Zollpächter und war sehr reich.

³ Er wollte gern sehen, wer dieser Jesus sei, doch die Menschenmenge versperrte ihm die Sicht; denn er war klein.

⁴ Darum lief er voraus und stieg auf einen Maulbeerfeigenbaum, um Jesus zu sehen, der dort vorbeikommen musste.

⁵ Als Jesus an die Stelle kam, schaute er hinauf und sagte zu ihm: Zachäus, komm schnell herunter! Denn ich muss heute in deinem Haus zu Gast sein.

⁶ Da stieg er schnell herunter und nahm Jesus freudig bei sich auf.

⁷ Als die Leute das sahen, empörten sie sich und sagten: Er ist bei einem Sünder eingekehrt.

⁸ Zachäus aber wandte sich an den Herrn und sagte: Herr, die Hälfte meines Vermögens will ich den Armen geben, und wenn ich von jemand zu viel gefordert habe, gebe ich ihm das Vierfache zurück.

⁹ Da sagte Jesus zu ihm: Heute ist diesem Haus das Heil geschenkt worden, weil auch dieser Mann ein Sohn Abrahams ist.

¹⁰ Denn der Menschensohn ist gekommen, um zu suchen und zu retten, was verloren ist.

Die Leute werden ihn gehasst haben, Jerichos Obersteuerpächter Zachäus. Er hatte sich das Recht der Zolleinhebung von der Besatzungsmacht erkauft, er musste deshalb als Kollaborateur gelten, als jemand, der – trotzdem er der unterdrückten Mehrheit angehört – das ausbeuterische System nicht nur stützt, sondern erst möglich macht, um sich selbst daran zu bereichern. Der Pachtsatz für die Römer blieb vorhersehbar gleich; wie viel auch immer er darüber hinaus erpresste, war sein Gewinn. Wie sollten ihn die Leute nicht gehasst haben? Sie hatten viele Gründe dazu.

Die Leute werden sich andererseits auch lustig über ihn gemacht haben. Dass ausgerechnet der oberste, der höchste Steuereintreiber von kleinem Körperwuchs sein sollte, reizt ja tatsächlich auch zum Spott als Ventil der Unterdrückten. Wir hören förmlich die Witze, die man sich in der Stadt erzählt haben könnte über Zachäus, *den kleinen Großen, den großen Kleinen*. Wie wenig hat sich doch die menschliche Psyche in diesen Jahrtausenden verändert; so vorhersehbar!

Vielleicht hatte Zachäus sogar durch seine Anbiederung an die Römer und seine Aufgabe als Steuerpächter versucht, dieses persönliche Manko seines Kleinseins zu kompensieren: *Na wartet nur, euch zeig ich's noch, wozu ich fähig bin!* Vielleicht war ihm sein Tätigkeitsfeld nicht nur Quelle des Reichtums, sondern sogar Quelle von Selbstbewusstsein. All dies ist nicht völlig auszuschließen.

In einem bestimmten Moment aber scheint er etwas Wahres erkannt zu haben. Er macht sich nochmals – dieses Mal selbst – zum Gespött der Menge, als er auf einen Baum klettert, um besser sehen zu können.

Der Hohn schlägt ganz schnell um in Entrüstung (wie wenig hat sich doch die menschliche Psyche in diesen Jahrtausenden verändert; so vorhersehbar!), als der Rabbi stehen bleibt, um sich ihm zuzuwenden, ihn anzusprechen, sich einladen zu lassen, mit ihm geht, diesem Kollaborateur und Sünder. *Heute muss ich bei dir zu Gast sein* (Lk 19,5)! Es ist genau diese Verpflichtung Jesu, dem Willen Gottes treu zu bleiben und nicht der Gunst der Menschen nachzulaufen, die ihn ans Kreuz bringen wird. *Hosanna dem Sohn Davids! – Ans Kreuz mit ihm* (Mt 21,9; 27,22)! Wie wenig hat sich doch die menschliche Psyche in diesen Jahrtausenden verändert; so vorhersehbar!

Das Vierfache will Zachäus seinen Opfern, denselben, die lästern und sich erregen, zurückgeben. An sich, wenn er sein Vorhaben umgesetzt hat, muss er bettelarm verstorben sein.

Heute ist diesem Haus das Heil begegnet (Lk 19,9). In einem bestimmten Moment hat Zachäus das Wahre der Wahrheit Gottes erkannt.

Wir können uns durchaus in beide Rollen versetzen: Die des Zachäus, des kleinen Großen, der mehr haben möchte, als ihm zusteht, sich anbiedernd, ausbeutend, buckelnd und tretend; die der Leute drumherum, jammernd, geifernd, lästernd, exaltiert und echauffiert, wissend, was sein darf und was nicht.

Für unseren Moment würde es reichen, unser Leben zu betrachten, wie schnell und oft wir unsere Einstellung und Haltung ändern und warum wir das tun. Für den Moment würde es reichen, uns nicht mehr gar so oft in Widersprüche des Lebens zu verstricken, die nur scheinbar Sinn machen. Im Moment vielleicht, aufs Ganze des Lebens gesehen aber nicht.

Blick über die judäische Wüste.

Matthäus 25,1.14-30
Mit dem Himmelreich ist es wie ...

¹ Dann wird es mit dem Himmelreich sein wie ...

¹⁴ Es ist wie mit einem Mann, der auf Reisen ging: Er rief seine Diener und vertraute ihnen sein Vermögen an.

¹⁵ Dem einen gab er fünf Talente Silbergeld, einem anderen zwei, wieder einem anderen eines, jedem nach seinen Fähigkeiten. Dann reiste er ab. Sofort

¹⁶ begann der Diener, der fünf Talente erhalten hatte, mit ihnen zu wirtschaften, und er gewann noch fünf dazu.

¹⁷ Ebenso gewann der, der zwei erhalten hatte, noch zwei dazu.

¹⁸ Der aber, der das eine Talent erhalten hatte, ging und grub ein Loch in die Erde und versteckte das Geld seines Herrn.

¹⁹ Nach langer Zeit kehrte der Herr zurück, um von den Dienern Rechenschaft zu verlangen.

²⁰ Da kam der, der die fünf Talente erhalten hatte, brachte fünf weitere und sagte: Herr, fünf Talente hast du mir gegeben; sieh her, ich habe noch fünf dazugewonnen.

²¹ Sein Herr sagte zu ihm: Sehr gut, du bist ein tüchtiger und treuer Diener. Du bist im Kleinen ein treuer Verwalter gewesen, ich will dir eine große Aufgabe übertragen. Komm, nimm teil an der Freude deines Herrn!

²² Dann kam der Diener, der zwei Talente erhalten hatte, und sagte: Herr, du hast mir zwei Talente gegeben; sieh her, ich habe noch zwei dazugewonnen.

²³ Sein Herr sagte zu ihm: Sehr gut, du bist ein tüchtiger und treuer Diener. Du bist im Kleinen ein treuer Verwalter gewesen, ich will dir eine große Aufgabe übertragen. Komm, nimm teil an der Freude deines Herrn!

²⁴ Zuletzt kam auch der Diener, der das eine Talent erhalten hatte, und sagte: Herr, ich wusste, dass du ein strenger Mann bist; du erntest, wo du nicht gesät hast, und sammelst, wo du nicht ausgestreut hast;

²⁵ weil ich Angst hatte, habe ich dein Geld in der Erde versteckt. Hier hast du es wieder.

²⁶ Sein Herr antwortete ihm: Du bist ein schlechter und fauler Diener! Du hast doch gewusst, dass ich ernte, wo ich nicht gesät habe, und sammle, wo ich nicht ausgestreut habe.

²⁷ Hättest du mein Geld wenigstens auf die Bank gebracht, dann hätte ich es bei meiner Rückkehr mit Zinsen zurückerhalten.

²⁸ Darum nehmt ihm das Talent weg und gebt es dem, der die zehn Talente hat!

²⁹ Denn wer hat, dem wird gegeben, und er wird im Überfluss haben; wer aber nicht hat, dem wird auch noch weggenommen, was er hat.

³⁰ Werft den nichtsnutzigen Diener hinaus in die äußerste Finsternis! Dort wird er heulen und mit den Zähnen knirschen.

Die Ankündigung *Mit dem Himmelreich ist es wie mit ...* (Mt 25,1) ist hier mitzuhören; das Gleichnis der anvertrauten Talente fügt sich im Evangelium nach Matthäus unmittelbar an jenes der zehn Jungfrauen.

Mit dem Himmelreich ist es also wie mit einem Mann, der auf Reisen ging und irgendwann mal wiederkehren wird, ohne gesagt zu haben, wann das sein wird, wann er Rechenschaft von seinen Dienern verlangen wird. Dieses Element ist dasselbe wie beim Bräutigam der Jungfrauen; doch während die Moral jener Erzählung war, stets bereit, wachsam zu sein, damit wir nicht überrascht werden, geht es hier darum: Was machen wir in der Zwischenzeit, in dieser Spanne, bis der Herr kommt?

Es kann ja nicht sein, dass wir ganz gebannt die Tür anstarren, in unserem Fall gen Himmel blicken, untätig rumsitzen, vielleicht ein paar fromme Liedchen dazu singen, die das Kommen des Herrn beschleunigen sollen. Der Herr selbst entscheidet in beiden Gleichnissen, wann er kommt. Er lässt uns aber nicht zurück, ohne uns zur Wachsamkeit und zum Handeln aufzurufen, denn davon spricht das Evangelium.

Das deutsche Wort *Talente* hat zwei Bedeutungen. Einerseits meint es Gaben, Charismen, eben Talente, die jemand hat und andererseits ist es eine Bezeichnung für Werteinheit, für Geld. Um die zweite Bedeutung geht es hier, doch die erstere beeinflusst oft das Verständnis des Textes. Da wird der Herr schnell zu Gott, der jedem seine Talente zuteilt und dazu ermuntert, sie zum Wohle aller einzusetzen, um so am Reich Gottes mitzubauen. Was zwar auch nicht frei erfunden ist, doch dafür müsste man sich schon auf andere Bibelstellen berufen.

Jesu selbst hat nicht Deutsch gesprochen, kennt also auch nicht die Doppeldeutigkeit unseres Wortes *Talent*, er redet Griechisch von *tálanton*, was einfach Münze bedeutet, es muss also was anderes gemeint haben, als die den Menschen von Gott zugedachten Charismen. Er redet schlicht von Geld, vom schnöden Mammon, und ermuntert dazu, Gewinn zu machen. Nicht nur, dass wir natürlich – während wir auf ihn warten – für unseren und den unserer Familie Lebensunterhalt zu sorgen haben; nein, er lobt ausdrücklich jenen Knecht, der darüber hinaus Gewinn erzielt hat!

Ich weiß schon, eine solche Lesart hält das eine oder andere Unverdauliche bereit, doch es liegt ganz auf der Linie eines Spruches Jesu wie *Und der Herr lobte die Klugheit des unehrlichen Verwalters und sagte: Die Kinder dieser Welt sind im Umgang mit ihresgleichen klüger als die Kinder des Lichtes. Ich sage euch: Macht euch Freunde mithilfe des ungerechten Mammons, damit ihr in die ewigen Wohnungen aufgenommen werdet, wenn es (mit euch) zu Ende geht* (Lk 16,8f).

Doch Vorsicht ist angebracht: Jesus kannte nicht die brutalen Mechanismen unserer modernen Kapitalwirtschaft; er ermuntert nicht dazu, rücksichtslos zu wirtschaften, über Leichen zu gehen, sondern er schätzt den positiven Wert des Geldes, der dem Menschen das Leben lebenswert macht.

Es sind also zwei Dinge, die das Himmelreich kennzeichnen: Die innere Haltung des *Stets-bereit-Seins* der Jungfrauen, weil wir nicht wissen, wann er kommt. Bis er aber kommt, die Möglichkeiten dieser Welt zu nützen, sich Freunde zu machen mit dem ungerechten Mammon; aber in der Haltung eines auf den wahren Herrn der Welt Wartenden, eines auf Christus Hoffenden, eines die wahre Heimat Kennenden.

Wenn diese beiden Haltungen echt und nicht aufgesetzt sind, kann uns – und das meint er – auch der schnöde Mammon nichts anhaben. Schließlich war auch Jesus nicht so weltfern, wie manche meinen; wäre er es gewesen, hätten weder Römer noch Juden Grund gehabt, ihm den Prozess zu machen.

Johannes 14,1-15 Ich bin der Weg

¹ Euer Herz lasse sich nicht verwirren. Glaubt an Gott, und glaubt an mich!

² Im Haus meines Vaters gibt es viele Wohnungen. Wenn es nicht so wäre, hätte ich euch dann gesagt: Ich gehe, um einen Platz für euch vorzubereiten?

³ Wenn ich gegangen bin und einen Platz für euch vorbereitet habe, komme ich wieder und werde euch zu mir holen, damit auch ihr dort seid, wo ich bin.

⁴ Und wohin ich gehe – den Weg dorthin kennt ihr.

⁵ Thomas sagte zu ihm: Herr, wir wissen nicht, wohin die gehst. Wie sollen wir dann den Weg kennen?

⁶ Jesus sagte zu ihm: Ich bin der Weg und die Wahrheit und das Leben; niemand kommt zum Vater außer durch mich.

⁷ Wenn ihr mich erkannt habt, werdet ihr auch meinen Vater erkennen. Schon jetzt kennt ihr ihn und habt ihn gesehen.

⁸ Philippus sagte zu ihm: Herr, zeig uns den Vater; das genügt uns.

⁹ Jesus antwortete ihm: Schon so lange bin ich bei euch, und du hast mich nicht erkannt, Philippus? Wer mich gesehen hat, hat den Vater gesehen. Wie kannst du sagen: Zeig uns den Vater?

¹⁰ Glaubst du nicht, dass ich im Vater bin und dass der Vater in mir ist? Die Worte, die ich zu euch sage, habe ich nicht aus mir selbst. Der Vater, der in mir bleibt, vollbringt seine Werke.

¹¹ Glaubt mir doch, dass ich im Vater bin und dass der Vater in mir ist; wenn nicht, glaubt wenigstens aufgrund der Werke!

¹² Amen, amen, ich sage euch: Wer an mich glaubt, wird die Werke, die ich vollbringe, auch vollbringen, und er wird noch größere vollbringen, denn ich gehe zum Vater.

¹³ Alles, um was ihr in meinem Namen bittet, werde ich tun, damit der Vater im Sohn verherrlicht wird.

¹⁴ Wenn ihr mich um etwas in meinem Namen bittet, werde ich es tun.

¹⁵ Wenn ihr mich liebt, werdet ihr meine Gebote halten.

Ich bin der Weg, die Wahrheit und das Leben (Joh 14,6). Nicht, dass diese Aussage sich von selbst versteht, von selbst erklärt, bekannter ist sie uns doch, vertrauter, und deshalb meinen wir, sie besser zu verstehen als so manches andere, das sich der Sprachgewalt des Evangelisten Johannes verdankt und kryptisch (nicht gnostisch) bleibt.

Ich bin der Weg, ich weise wohl, wie man wahrhaftig wandeln soll ... heißt es in einem Gotteslob-Lied (GL 461,2) und löst so schon die Frage auf: Wie kann jemand, eine Person, gleichzeitig ein Weg sein? Jesu Leben, sein Handeln, Tun und Denken bieten ein Beispiel, dass – befolgt man es – zu einem Hinweis werden kann, wie der Lauf des Tages und des Lebens gelebt werden soll, in einer Art von Nachahmung Christi, *imitatio Dei*, freilich, die nun uns nie so ganz gelingt, die uns aber als Maxime, als Leitstern, als zu erreichendes Ziel erhalten bleibt. Jeder Weg nimmt irgendwo seinen Anfang, auch dieser, an jenem Ort, an dem wir beginnen, Christus zu folgen, nachzufolgen, sein Leben in unserem Leben relevant sein lassen. Dabei ist es irrelevant, wann das statthat, ob jung, ob alt, gestern oder heute; wichtig ist nur, dass es beginnt. Und wenn man begriffen hat, dass Jesus der Weg ist, warum sollte man bis morgen warten wollen?

Jesus sagt: *Ich bin die Wahrheit*. Das ist der Grund, wieso Jesu Lebensweg als unser Lebensweg sinnvoll ist und vernünftig. Was er tut, sagt, lehrt und schweigt zielt in die Mitte gelingenden Lebens. Führt er uns nicht ins Zentrum menschlicher Schuld, menschlichen Versagens, spricht er nicht zutiefst Wahres im Umgang mit seinen Nächsten, ist nicht Leid und Freude gleichermaßen Teil eines jeden Lebens, widerfährt uns nicht auch selbst, beinahe jeden Tag, was auch ihm widerfuhr, Freundschaft und Feindschaft, Lob und Tadel, Sehnsucht nach Hilfe und Liebe, der Jähzorn und der Unverstand der Menschen und all dieses mehr, was Menschsein bestimmt und ausmacht? Hat er nicht den goldenen Weg des

Lebens gefunden, der dieses Leben erträglich macht, erfahrbar macht – und zwar in einer Weise, in der wir uns nicht schuldig zu machen brauchen, um überhaupt leben zu können? Was sollte wahrer sein als jene Wahrheit, die uns frei macht von allem Belanglosen, uns zur Mitte führt, ohne den Nächsten dabei aus den Augen zu lassen?

Und nun wird klar, wieso Jesus sagen kann: *Ich bin das Leben*. Es ist gar nicht so einfach: einfach leben reicht nicht, um vom *Leben* zu sprechen. Wie viele stehen am Ende ihres Lebens mit der Frage, ob das Vergangene wirklich *Leben* war oder nicht doch nur eine Ansammlung von Nichtigkeiten, dem äußeren Zwang und dem scheinbaren Erfolg verschrieben. Christus kann das Leben heißen, weil er das Leben gab – ganz am Anfang von Zeit und Welt, und Leben gibt, auch am Anfang unseres Weges mit ihm und jeden Schritt, den wir mit ihm gehen.

Es kann unser Trost sein, dass auch seine eigenen Apostel lange brauchten, um zu verstehen, worum es Jesus ging. Allzu lange sollten wir aber dazu nicht brauchen, denn unsere Lebenszeit ist begrenzt. Zunächst. Aufgesprengt will sie werden, über Grenzen hinweg, die Grenze der eigenen Selbstgefälligkeit, die Grenze zum Nächsten, die Grenze von Kurzsichtigkeit und Raffgier, die Grenze der eigenen beschränkten, diesseitigen Lebenszeit. Denn: *Ich bin der Weg, die Wahrheit und das Leben* zielt auf Grundsätzliches, Prinzipielles, auf Fundament und Basis unseres Lebens und des Lebens überhaupt. Versuchen wir es einzugrenzen, einzuengen auf unser eigenes Maß, muss es scheitern. Denn wahres Leben ist grenzenlose Freiheit.

Jesu Leiden und Auferstehen

Lukas 9,28-36
Sein Gewand wurde leuchtend weiß

²⁸ Etwa acht Tage nach diesen Reden nahm Jesus Petrus, Johannes und Jakobus beiseite und stieg mit ihnen auf einen Berg, um zu beten.

²⁹ Und während er betete, veränderte sich das Aussehen seines Gesichtes, und sein Gewand wurde leuchtend weiß.

³⁰ Und plötzlich redeten zwei Männer mit ihm. Es waren Mose und Elija;

³¹ sie erschienen in strahlendem Licht und sprachen von seinem Ende, das sich in Jerusalem erfüllen sollte.

³² Petrus und seine Begleiter aber waren eingeschlafen, wurden jedoch wach und sahen Jesus in strahlendem Licht und die zwei Männer, die bei ihm standen.

³³ Als die beiden sich von ihm trennen wollten, sagte Petrus zu Jesus: Meister, es ist gut, dass wir hier sind. Wir wollen drei Hütten bauen, eine für dich, eine für Mose und eine für Elija. Er wusste aber nicht, was er sagte.

³⁴ Während er noch redete, kam eine Wolke und warf ihren Schatten auf sie. Sie gerieten in die Wolke hinein und bekamen Angst.

³⁵ Da rief eine Stimme aus der Wolke: Das ist mein auserwählter Sohn, auf ihn sollt ihr hören.

³⁶ Als aber die Stimme erklang, war Jesus wieder allein. Die Jünger schwiegen jedoch über das, was sie gesehen hatten, und erzählten in jenen Tagen niemand davon.

Berg Tabor. Das Apsismosaik illustriert die Verklärung Jesu.

Bei allen Theophanien, also bei allen Erscheinungen Gottes, ist es allerorten dasselbe Muster: Ein großes Getöse, ein himmlischer Lärm, die Herrlichkeit des Herrn oder seiner Engel überstrahlt alles, zerrüttet alles, gefährdet die Schöpfung, bringt die Sonne zum Stehen; ein Erdbeben, ein Feuer, ein Tosen des Meeres verkündigen es: Der Herr nähert sich. Feierlich, schauerlich, ein wenig wie kurz vor dem Auftritt Sarastros in der Zauberflöte.

Die Reaktion des Menschen darauf kann nur eine sein: Furcht, Schrecken, Zittern. Bei Mose heißt es *Niemand kann das Antlitz des Herrn sehen und am Leben bleiben* (Ex 33,20). Deshalb sieht Mose ihn nur von hinten, nur so kann er sein Leben retten, soll ihn die Größe des Unfassbaren nicht zermalmen.

Der Mensch zu Boden geworfen, den Kaftan von hinten über den Kopf gezogen, auf allen Vieren, langsam sich zurückziehend, zusammenkauernd. So erscheint Gott und so hat sich der Mensch zu verhalten. Die Jünger machen das auffallenderweise erst am Ende der Verklärung, beim Hören der Stimme bekommen sie große Angst und werfen sich mit dem Gesicht auf den Boden.

Wir dürfen getrost sein, Petrus kennt schon seine Bibel, aber was sagt er: *Herr, es ist gut, dass wir hier sind*. Das kann's doch gar nicht geben, das ist nicht vorgesehen: *Gut, dass wir da sind, wir wollen drei Hütten bauen* (Lk 9,33). Wir spüren das Verwerfliche an dieser Reaktion angesichts des Göttlichen nicht mehr. Noch nicht einmal seine Schuhe zieht er aus, wie es seit den Tagen des brennenden Dornbusches dramaturgisch vorgeschrieben wäre. Generationen und Tausende von Menschen ziehen jährlich zum Tempel, nehmen teure Pilgerfahrten auf sich, um auf den Fußspuren des Herrn zu wandeln und der Orte sich zu erfreuen – er aber sieht den Herrn selbst und reagiert, als wären die Nachbarn zum Brunch.

Gewöhnlich weiß man sich schon zu helfen. Was soll Petrus angesichts des Unerwarteten, des Eigentlichen schon anderes reden als eben wirres Zeug? Es steht aber zu befürchten, dem Apostelfürsten wird das nicht gerecht!

Es ist auch keine Lösung zu behaupten, das Ganze hätte nicht stattgefunden, fromme Erfindung, die sich aus theologischen Gründen nicht an das herkömmliche Drehbuch halte; schließlich wäre unser Gott doch viel menschenfreundlicher als der alttestamentliche. Das ist erstens unsere Wunsch-Brille, und zweitens redet auch das Neue Testament vom schrecklich-richtenden Gott (Hebr 10,30f.).

Die Reaktion des Petrus ist so unmöglich, dass sie zu denken geben *muss*. Es muss zwischen der Erscheinung und dem Hütten-bauen-Wollen mehr Zeit vergangen sein, als der Evangelist Zeit hat, uns mitzuteilen. Die Verklärungsgeschichte fasst womöglich zusammen, was länger gedauert haben mag, ein paar Stunden, vielleicht einen Tag, gar Wochen: Die Erkenntnis der Jünger über den, der da mitten unter ihnen ist, Jesus, der Sohn Gottes.

Dem begegnet man nicht alle Tage. Es muss verstanden werden, verortet werden, in dem, was man bisher glaubte, verankert werden im Leben, um zu verstehen, welche Bedeutung das hat. Gott sendet nicht mehr Propheten, wie Mose und Elija, sondern seinen eigenen Sohn, der über Mose und Elija steht; deshalb steht er auch in der Mitte.

Das Hütten-Bauen wäre dann ihr Ankommen im Verstehen: Die Propheten haben ihren festen Ort, rechts und links des Herrn, unverrückbar sie, unvergleichlich Er.

Wir selbst mögen Umwege gehen, straucheln, stolpern, fallen auf dem Weg, lästern, ratschen, hänseln, necken; solange bis die Stille unmittelbar vor Sarastros Auftritt auch uns im Innersten erregt. Nicht irgendwer, sondern ER ist unter uns.

Mag sein, dass die Verklärung Jesu die Jünger Jesu – und damit auch uns – auf die Geschehnisse von Ostern vorbereiten will. Das leuchtende Antlitz Jesu, die weißen strahlenden Gewänder sind ein Vorausleuchten der Herrlichkeit des Auferstandenen.

Dass Mose und Elija, also Gesetz und Propheten, Jesus flankieren, meint und zeigt, dass Jesus ihre Mitte ist und als ihre Mitte also ihr eigenes Wesen; dass Jesus Ziel von Gesetz und Propheten ist. Jesus überragt Mose und Elija, ganz klar wird dies aber erst mit Ostern. Und insofern ist die Verklärung Jesu auf dem Berg tatsächlich eine Vorbereitung auf Ostern.

Mose und Elija, mitten in der Verklärung, mitten in der Verherrlichung Jesu, kommen, um mit Jesus über das Ende, sein Ende, also sein Sterben in Jerusalem zu reden (Lk 9,26). Sie bereiten ihn darauf vor, sie sprechen – so heißt es – *nicht mit ihm* über sein Ende, sie diskutieren es nicht, sie verhandeln es nicht zum kleinsten erträglichen Maß, nein, sie teilen es ihm mit, sie sprechen über sein Ende, sie bereiten ihn vor.

So und nicht anders wird dein Ende, weil so und nicht anders seit jeher die wahren Diener Gottes sterben, jene mahnenden Propheten der Frühzeit und jene wahren Glaubenshelden der jüngeren Zeit. Alle sterben sie im Vertrauen auf Gott, in der Gewissheit, dass ihr Sterben weder vergebens noch vergessen ist, weder bei Gott noch bei den Menschen.

Dieses Erinnern Gottes seines gerechten und treuen Knechtes ist der Anfang des Glaubens an ein Leben nach dem Tod, denn wie könnte Gott seinen treuen Knecht anders belohnen als wiederum durch Treue, dieses Mal Treue Gottes: Jenen, der den Tod für Gott nicht scheute, nicht seinerseits im Tod zu lassen, sondern neues Leben zu schenken.

Es ist eine einfache Gleichung: Ist der Mensch treu, ist Gott treu. Ist Gott treu, soll es der Mensch auch sein. Ist der Mensch untreu, bleibt Gott doch treu. Eine Untreue auf Seiten Gottes gibt es nicht.

Seinerseits gibt es Zorn und Schmerz, Barmherzigkeit und Gericht, nicht aber Lüge und Verrat, einzig Gerechtigkeit, rechtes Maß, jedem nach seinem Tun und Wollen zu vergelten. Wer treu durchs Leben wandelt, immer wieder neu Treue sucht, sie sucht zu halten, zu leben, rein zu bleiben von böser Absicht, den kann doch der Gott der Treue nicht enttäuschen.

Von hier gelangen wir zu Abraham, dem Großen, dem Vater, dem Vorbild des Glaubens. Alt schon glaubt er Gott, macht sich auf den Weg, verlässt alles Eingemachte. Alt schon glaubt er Gott, Nachkommen zu sehen, Land zu erben. Alt schon glaubt er Gott, seinen Sohn zu opfern, alles zu verlieren, Nachkommen und Land; alt schon bleibt Gott treu, weil Abraham in der Prüfung treu bleibt (Hebr 11,17).

Nun aber ist es Gott selbst, nicht ein Mensch, der seinen Sohn opfert, nicht vielleicht und gleichnishaft, sondern ganz und wirklich am Kreuz. Gott besteht die letzte Prüfung, mit der Menschen ihn quälen: *Zeig dich doch solidarisch mit uns Menschen, stirb unseren Tod, und wir werden dir treu sein.*

Halten auch wir die Treue, durch Prüfung hindurch, erwartet uns nichts Unerwartetes, sondern Leben und Ausdauer – bei Gott.

Das ist mein auserwählter Sohn, auf ihn sollt ihr hören (Lk 9,35). Die Stimme aus dem Himmel über Tabor ist weder originell noch neu – im Gegenteil, sie bemüht ein altbekanntes Zitat (Ps 2). *Du bist mein Sohn,* dieser Satz gehört zum antiken

Thronbesteigungszeremoniell, gesprochen zwischen Salbung des Königs und seinem Sich-Setzen auf den Thron, in Israel ebenso wie in Ägypten. Ein Hofprophet spricht zu ihm im Auftrag Gottes diese Worte, hörbar für alle anderen. Jeder soll wissen: Gott hat diesen und keinen anderen zum Herrscher bestellt, er herrscht durch Gott, der sich sein Vater nennen lässt; den Königssohn infrage zu stellen, heißt Gottvater selbst anzuzweifeln. *Das ist mein geliebter Sohn, auf ihn sollt ihr hören.*

Als die Stimme aus dem Himmel dies zu Jesus sagt, gibt es schon lange keinen König mehr in Israel. Zur Zeit Jesu ist das Land durch Römer besetzt, die Menschen durch deren Kollaborateure unterdrückt und versteuert. In dieser Not finden sie Trost in der Hoffnung auf einen neuen kommenden Herrscher, der die Eindringlinge (nicht die ersten und nicht die letzten in diesem Landstrich) aus dem Land jagen wird.

Wir wissen, dass viele Menschen in Jesus diesen politischen Messias gesehen haben. Aus heiterem Himmel entquoll diese Erwartungshaltung nicht, wenn sogar die Stimme aus dem Himmel in versteckten, doch damals für jedermann deutlichen Worten Jesus als Königskind anspricht. Und wenn wir am Karfreitag die Kreuzesinschrift lesen *Iesus Nazarenus – Rex Judeorum* dürfen wir uns fragen: Hat Jesus womöglich selbst mit der Möglichkeit eines Thronantritts geliebäugelt und die Ankläger sich dies zunutze gemacht?

Diese Frage bleibt schwer zu beantworten; ganz klar hingegen ist ein anderer Befund. Die Formel *Das ist mein geliebter Sohn, auf ihn sollt ihr hören* findet sich nicht nur bei der Verklärung Jesu auf dem Tabor (siehe Mt 17,5; Mk 9,7), sondern ebenso in der Apostelgeschichte (13,33) im Blick auf die Auferstehung Jesu und bei Markus (1,11), Lukas (3,22) und Matthäus (3,17) gar schon bei seiner Taufe im Jordan. Die ersten Christen – unter ihnen auch der Apostel Paulus – sehen in dem herrlich aus den Toten auferweckten Jesus den Sohn Gottes; den Moment seiner Auferstehung begreifen sie als den Augenblick seiner Einsetzung zum Herrscher der Welt.

Diese frühe Generation von Christen steht – anders ist es gar nicht denkbar – unter dem Schock der Ereignisse von Golgota: Wie soll dieser, als Verbrecher Verurteilte der Gottessohn gewesen sein können? Doch je länger, je mehr erkennen die Christen, dass gerade dieses Leiden und Sterben, ja gewiss nur der Tod die Schleuse zur Auferstehung sein kann, dass das Kreuz – bislang als

Beweis der Rechtmäßigkeit der Verurteilung Jesu gesehen – zum Zeichen des Sieges werden muss. Es ist Teil des göttlichen Willens, wenn auch sein unsterblicher Sohn den Weg alles Irdischen gehen muss. Je länger, je mehr wird so die Einsetzung Jesu zu Gottes Sohn zeitlich *nach hinten* verschoben: Von der Auferstehung zur Verklärung hin zur Taufe und schließlich (davon zeugt die Bibel nur noch an ihren Rändern, die Schriften der Kirchenväter umso imposanter) in den Augenblick seiner Empfängnis und letztlich in den ewigen Ratschluss Gottes selbst, der vor aller Zeit liegt.

Das ist mein geliebter Sohn. Dieses Wort aus der Höhe finden wir nicht nur über Jesus, sondern auch über uns, bei ihm schon vor aller Zeit, bei uns zum Zeitpunkt unserer Taufe. Ist er Königssohn, sind wir Königskinder, gerufen wie er, zu leiden wie er, damit wir auch herrschen wie er. Denn eines ist doch wohl ganz deutlich: Wenn wir, jeder Einzelne von uns, Gott ebenso viel gelten wie sein eigener, leibhaftiger Sohn, dann wird doch wohl auch sein Lohn für sein gerechtes Leben das Vorabbild, der Vorgeschmack auch unseres Lohnes für unser gerechtes Leben sein. Vorausgesetzt freilich, wir haben eines.

Wenn der erste Sohn nicht bei den Toten bleiben musste, sondern das Licht wiedersehen durfte, so ebenso wenig auch alle weiteren Söhne und Töchter. Daran will uns das strahlend weiße Licht des Tabors erinnern; es spiegelt die Herrlichkeit, die uns allen verheißen ist.

Johannes 13,1-17 Die Stunde war gekommen

¹ Es war vor dem Paschafest. Jesus wusste, dass seine Stunde gekommen war, um aus dieser Welt zum Vater hinüberzugehen. Da er die Seinen, die in der Welt waren, liebte, erwies er ihnen seine Liebe bis zur Vollendung.

² Es fand ein Mahl statt, und der Teufel hatte Judas, dem Sohn des Simon Iskariot, schon ins Herz gegeben, ihn zu verraten und auszuliefern.

³ Jesus, der wusste, dass ihm der Vater alles in die Hand gegeben hatte und dass er von Gott gekommen war und zu Gott zurückkehrte,

⁴ stand vom Mahl auf, legte sein Gewand ab und umgürtete sich mit einem Leinentuch.

⁵ Dann goß er Wasser in eine Schüssel und begann, den Jüngern die Füße zu waschen und mit dem Leinentuch abzutrocknen, mit dem er umgürtet war.

⁶ Als er zu Simon Petrus kam, sagte dieser zu ihm: Du, Herr, willst mir die Füße waschen?

⁷ Jesus antwortete ihm: Was ich tue, verstehst du jetzt noch nicht; doch später wirst du es begreifen.

⁸ Petrus entgegnete ihm: Niemals sollst du mir die Füße waschen! Jesus erwiderte ihm: Wenn ich dich nicht wasche, hast du keinen Anteil an mir.

⁹ Da sagte Simon Petrus zu ihm: Herr, dann nicht nur meine Füße, sondern auch die Hände und das Haupt.

¹⁰ Jesus sagte zu ihm: Wer vom Bad kommt, ist ganz rein und braucht sich nur noch die Füße zu waschen. Auch ihr seid rein, aber nicht alle.

¹¹ Er wusste nämlich, wer ihn verraten würde; darum sagte er: Ihr seid nicht alle rein.

¹² Als er ihnen die Füße gewaschen, sein Gewand wieder angelegt und Platz genommen hatte, sagte er zu ihnen: Begreift ihr, was ich an euch getan habe?

¹³ Ihr sagt zu mir Meister und Herr, und ihr nennt mich mit Recht so; denn ich bin es.

¹⁴ Wenn nun ich, der Herr und Meister, euch die Füße gewaschen habe, dann müsst auch ihr einander die Füße waschen.

¹⁵ Ich habe euch ein Beispiel gegeben, damit auch ihr so handelt, wie ich an euch gehandelt habe.

¹⁶ Amen, amen, ich sage euch: Der Sklave ist nicht größer als sein Herr, und der Abgesandte ist nicht größer als der, der ihn gesandt hat.

¹⁷ Selig seid ihr, wenn ihr das wisst und danach handelt.

Diese Nacht des Gründonnerstag ist voller Zeichen. Wir erklären sie uns, ohne sie vielleicht verstanden zu haben, in ihrer Dichte und Tiefe. Zeichen, die nicht schon deswegen selbstverständlich werden, weil sie jedes Jahr an diesem Abend dieselben bleiben; sondern Zeichen, die dieselben bleiben Jahr für Jahr, weil sie gültig bleiben für jeden Menschen, für jede Generation.

Da ist zuerst die *Fußwaschung*; nicht bloß Zeichen, sondern eine Zeichen-Handlung; nicht theoretisch, ganz praktisch, mit Händen ausgeführt.

Bevor wir uns ihr nähern, müssen wir festhalten: Es ist dasselbe griechische Verbum, sowohl bei der Fußwaschung als auch bei der Eucharistie-Stiftung, das Jesus verwendet, einmal als Imperativ, einmal als Indikativ: *Tut dies! Dies tuend* (Joh 13,15; Lk 22,19). Beides nämlich, Messe-Feiern und Füße-Waschen; *dieses* tut, weil und sooft ihr an mich denkt. Wenn ihr bei mir sein wollt und wollt, dass ich bei euch bin, sind dies die beiden Wege. Füße-Waschen und Messe-Feiern.

Messe-feiern ist uns gewiss angenehmer, verlangt nur Anwesenheit, nicht gleich Erniedrigung. Womöglich begegnen wir der Fußwaschung deshalb nur einmal im Jahr, an einem Gründonnerstag. Ritualisiert, angedeutet bloß, weil sie uns Demut aufnötigt.

Warum lassen wir sie dann nicht gleich weg? Aus zwei Gründen geht das nicht: Jesus selbst hat es getan und gesagt, auch wir sollen das tun. Und zweitens wissen wir sehr gut, dass es ohne diesen Dienst am Nächsten, am Schwachen, am Kranken, am Leidenden, am Einsamen, am Erbrechenden, am Zerbrechenden nicht geht in unserem Menschleben. Heute noch mögen wir in der Blüte unseres Lebens stehen, morgen mögen wir froh sein, wenn da jemand ist, der uns füttert, uns säubert und sich nicht ekelt. Auch deshalb sehr wahrscheinlich Fußwaschung nur einmal im Jahr: Weil wir dieses täglich Heraufdämmernde unseres eigenen körperlichen Verfalls weit hinausschieben wollen. Und ihn doch keine einzige Sekunde aufhalten können.

Warum aber nur die Füße in dieser Zeichenhandlung und nicht – wie Petrus meint – gleich den *ganzen* Körper, um *ganz* mit Jesus zu sein (Joh 13,9)?

Füße tragen uns; sie sind es, mit denen wir den richtigen oder den falschen Weg einschlagen, den das Herz (Verstand alleine ist zu wenig) ihnen weist.

Füße – wenn auch durch Sandalen oder Schuhe abgemildert – treten auf die Erde, sammeln den Schmutz der Welt: *Wer vom Bad kommt, ist ganz rein* (Joh 13,10) und doch sind es zuerst wieder die Füße, die schmutzig werden, sobald man aus der Dusche steigt. Sie zu waschen, bedeutet Reinheit nur für einen kurzen Moment, dieser kurze Moment aber bringt uns der Wahrheit näher. Der Mensch ist nicht dafür geschaffen, im Dreck liegen zu bleiben, mag er uns noch so anziehen. Der Mensch ist dazu berufen, sich zu erheben; nicht bloß über Animalisches, sondern höher noch, jeden Tag zu reifen, zu lernen, sich zu weiten, sich zu strecken, nach Zielen, nach Glück, nach dem Vermissten, nach dem Angebeteten.

Mehr Licht! Mehr Helle, mehr Wärme, mehr Liebe und weniger Verrat, das ist unser Sehnen.

Unsere Füße aber ziehen uns nach unten, bildlich gesprochen; verhaften und binden uns an das Irdische, das kurze vermeintliche Glück, das tatsächlich weniger lang andauert als die unausweichliche Ausnüchterung.

Reine, gewaschene, saubere Füße – ein kurzer Moment, doch essenziell, um weitergehen zu können, dem großen Ziel entgegen. Als *was* will ich dastehen, wenn ich sterbe? Als *wer* will ich erinnert werden, wenn ich selbst nicht mehr da bin?

Am Gründonnerstag feiert Jesus sein letztes Abendmahl mit seinen Jüngern; es ist gleichzeitig die *erste Eucharistiefeier* der Kirche.

Eucharistie bedeutet Danksagung. Jesus sagt Dank seinem Vater für das Leben, das er lebte, den Weg, den er ging und seinen Jüngern zeigte. Jesus sagt Dank für seine Jüngergemeinde. Jesus sagt Dank für uns.

Keine Sorge, er weiß sehr gut, dass wir nicht immer nur Gute sind; dass wir Umwege manchmal sogar brauchen, um den rechten Weg wieder zu finden. Da aber an diesem Abend Jesu irdischer Weg sich seinem Ende zuneigt, gibt es kein Zurück mehr; kein Wenn und Aber, keine Flucht. Sein Werk ist getan, sein Wille gesetzt. Nichts in dieser Welt kann dieses Lebenszeugnis Jesu ungeschehen machen. Wir können es annehmen oder ablehnen, aber indifferent sein können wir seither nicht mehr.

Er nahm Brot und Wein, segnet beides und deutet beides als Leib und Blut.

Die Hörenden verstehen: Er handelt wie Mose beim ersten Bundesschluss. Nicht um den ersten, den Alten Bund Gottes mit Israel aufzuheben, sondern um ihn zu vollenden, zu seinem Höhepunkt und Abschluss zu bringen. Nicht Böcke, Ziegen, Rinder und dergleichen tausendfach will unser Vater im Himmel – er will vielmehr das Lob unserer Lippen, das Tun unserer Hände, die Reinheit unseres Herzens. Auf diesem Wege werden wir sein Ebenbild, Ebenbild Gottes.

Deshalb plagen uns ja Gewissensnöte, Gewissensbisse, wenn wir falsch handeln, wenn wir sündigen. Es entspricht nicht unserem Wesen. So wenig wie wir selbst betrogen werden wollen, so wenig will unser Nächster betrogen werden, leiden müssen unseretwegen.

Wir hören das nicht gerne, und es wirkt unserer Zeit unverhältnismäßig, unvorstellbar: Dienen zu sollen, Gott und dem Nächsten.

Doch was bedeutet Dienen anderes, als sich selbst zurückzunehmen, richtig einzuordnen in das Gefüge unserer Freunde, unserer Mitmenschen, auf dass jeder seinen Platz finden kann, der ihn erfüllt und glücklich werden lässt? Es sind die Übertreibungen, die übersteigerten Erwartungen, der Irrsinn, auf Menschen vertrauen zu wollen, wo doch kaum einer besser ist als wir selbst. Einander zu dienen heißt einander nahe zu sein, um gemeinsam höher zu steigen auf der Leiter unserer Entwicklung, der Bergwanderung zu Gottes Gipfel.

Tut dies zu meinem Gedächtnis (Lk 22,19; 1 Kor 11,24f.). Der eine Satz bezeichnet das Ganze, *Tut dies zu meinem Gedächtnis*, der Sinn der Sonntag für Sonntag gesetzten Handlung. Durch den Lauf der Geschichte, durch die Zeiten und Generationen hindurch: Vergesst mich nicht! Vergessen wir ihn nicht.

Der damals gelebt, gewirkt, wie wir hören und lesen, gestorben ist und von dem wir glauben, auferweckt wurde; von ihm, der uns befreit aus Ich-Sucht und Haben-Wollen.

Sich Jesu regelmäßig zu erinnern, hilft uns, sich immer wieder darauf zu besinnen, dass Lesen und Hören, Kirchgang und fromme Andacht nicht reichen, sondern gelebt werden will, was er damals uns vorgelebt hat. Im Zweifelsfall – auch wenn's im Alltag bei uns nicht vorkommt – bis zum eigenen Tod wie er zu dem seinen.

Er war nicht jemand, der im letzten Moment gekniffen hätte, sein Lebenswerk aufs Spiel setzte, um nur mit dem Leben davon zu kommen, das er ein paar Jahre später ohnehin verloren hätte.

Die, die auf Erden ein paar Jahre das Sagen haben, sollen wir nicht fürchten. Ehren sollen wir den, der abschließend das endgültige Sagen hat.

Tut dies zu meinem Gedächtnis meint aber auch ein Zweites. Jene, die unter Zwang und Fremdherrschaft ihr Leben ließen für Gott oder Vaterland, baten in der alten Zeit darum, dass man ihnen ein Denkmal setze, ein Mahnmal an sie erinnere, ein Kriegerdenkmal meinetwegen, Yad Vashem um ihretwegen, die da abgeschlachtet wurden.

Ihr Opfer soll nicht umsonst gewesen sein; dass ihrer man sich erinnere, soll auch das Gedenken auf Erden wachhalten, es sollte aber vor allem Gott an den erinnern, der um seinetwegen litt. Damit er, der starb um eines Höheren willen, höheren Ortes nicht vergessen sei. Letztlich also *Tut dies zu meinem Gedächtnis*: Erinnert mich, damit Gott sich an mich erinnert und mich nicht im Tode lässt. Für Jesus trifft nun bereits zu, was uns noch bevorsteht, dank Jesus aber Wahrheit sein wird.

Tut dies zu meinem Gedächtnis: Sich Jesu zu erinnern, damit er immer neu Mitte unserer Gemeinschaft, Mitte meines Lebens werde, wir ihn um unseretwillen nicht vergessen.

Tut dies zu meinem Gedächtnis, damit er selbst nicht in Vergessenheit gerate, wir ihn um seinetwillen erinnern.

Tut dies zu meinem Gedächtnis auch, dass letztendlich uns zugutekommt, was er getan hat, auch und vor allem dann, wenn wir selbst zu solch einer Tat nicht fähig sind.

Der gläubige Jude erinnert sich am Neujahrsfest der Erzählung von der Opferung Isaaks (Gen 22). Abraham, der Vater, der auf Gottes Geheiß das einzige Kind dahinzugeben bereit ist, letztlich aber von Gott daran gehindert wird.

Einzugestehen, vom tiefen Glauben Abrahams weit entfernt zu sein, Gott aber darum zu bitten, die Glaubenstat des großen Vorvaters auch uns, seinen Kindern, im Glauben anzurechnen, das ist ein weiterer Sinn der heiligen Messe. Vom Leben und Glauben Jesu, dem Sohn Gottes, trennen uns, Gottes Kinder, Welten oder Abgründe. Doch um Jesu, seines Sohnes, willen bitten wir Gott darum, uns, seine Kinder, nicht zu vergessen, auch wenn wir schwach und sündig sind.

Markus 14,32-41 Nimm diesen Kelch von mir

³² Sie kamen zu einem Grundstück, das Getsemani heißt, und er sagte zu seinen Jüngern: Setzt euch und wartet hier, während ich bete.

³³ Und er nahm Petrus, Jakobus und Johannes mit sich. Da ergriff ihn Furcht und Angst,

³⁴ und er sagte zu ihnen: Meine Seele ist zu Tode betrübt. Bleibt hier und wacht!

³⁵ Und er ging ein Stück weiter, warf sich auf die Erde nieder und betete, dass die Stunde, wenn möglich, an ihm vorübergehe.

³⁶ Er sprach: Abba, Vater, alles ist dir möglich. Nimm diesen Kelch von mir! Aber nicht, was ich will, sondern was du willst (soll geschehen).

³⁷ Und er ging zurück und fand sie schlafend. Da sagte er zu Petrus: Simon, du schläfst? Konntest du nicht einmal eine Stunde wach bleiben?

³⁸ Wacht und betet, damit ihr nicht in Versuchung geratet. Der Geist ist willig, aber das Fleisch ist schwach.

³⁹ Und er ging wieder weg und betete mit den gleichen Worten.

⁴⁰ Als er zurückkam, fand er sie wieder schlafend, denn die Augen waren ihnen zugefallen; und sie wussten nicht, was sie ihm antworten sollten.

⁴¹ Und er kam zum dritten Mal und sagte zu ihnen: Schlaft ihr immer noch und ruht euch aus? Es ist genug. Die Stunde ist gekommen; jetzt wird der Menschensohn den Sündern ausgeliefert.

Orthodoxe Ordensfrauen vertieft ins Gebet am Grab Christi in der Grabeskirche. Die Grabkapelle und das Grab wurden 2016/17 umfassend restauriert.

Wenn die Stunde kommt, die letzte und endgültige, hört sich alle Blödelei auf. Dann heißt es tapfer sein und ernst. Wenn man nicht wimmern und kauern will vor dem letzten Machthaber des Lebens, dem Tod, so will man vielleicht zurückblicken auf ein erfülltes und glückliches Leben und ein letztes Mal dem Ganzen des Lebens einen prägenden Sinn geben. Es ist oftmals so, dass die letzten Lebensstunden sehr deutlich machen können, welches Leben der Sterbende lebte. Hat er aus dem Vollen geschöpft oder sich gedankenlos treiben lassen? Hat er sein ganzes Glück in diesem Leben schon erwartet oder sein Leben gestaltet im Wissen um das Leben danach, nach dem Sterben, das viel länger dauern wird als die kurze Erdenspanne unserer irdischen Existenz.

Es ist die erste Frage des alten Katechismus: *Wozu sind wir auf Erden?* Antwort: *Um uns den Himmel zu verdienen.*

Wer dies für fromm, naiv, voraufklärerisch und hinterwäldlerisch hält, der möge erklären, woher dann die Angst so vieler, wenn nicht aller Menschen vor Krankheit und Tod rührt. Ob nicht auch der modernste Zeitgenosse, der von Hype zu Hype gleitet, letztlich in seinem Innersten unerfüllt bleibt, bei der Frage sich ertappt: *Dies soll schon alles gewesen sein?* Wenn alles mögliche Leben sich nur in einem endlichen, vergänglichen Leben erschöpft, dann ist der Tod der unausweichliche und notwendige Schlusspunkt. Warum ihn fürchten, wenn alles Wesentliche schon geschehen wäre?

Einerseits, weil zu vieles bei vielen nur so halb gelang, Enttäuschung sich schnell einstellte, Hoffnungen unerfüllt bleiben und jede Form der Liebe enttäuscht wird. Zum anderen, weil viele viel zu früh sterben und andere zwar alt werden, doch im Angesicht des Todes immer noch zu jung sich fühlen; etliches bleibt immer unerledigt. Wir wissen weder Tag noch Stunde, wenn es für uns heißt, Abschied zu nehmen.

Jesus weiß das; er kennt die Stunde. Er geht bewusst und aktiv auf sie zu und gestaltet sie so, wie es seiner Sendung entspricht. Nicht Wimmern, Klagen, Weglaufen, Ausweichen soll sein Lebenswerk zunichte machen, sondern er will so vor den Vater treten, wie er ihn auch im Leben bezeugt hat. Als der heidnische Hauptmann den Menschensohn am Kreuz sterben sieht, reicht ihm das (ihm, der den Delinquenten gar nicht kennt, nie womöglich von ihm hörte, sicher aber nicht mit ihm durchs Land zog, ihn also nichts mit ihm verbindet, im Gegenteil alles von ihm trennt, Kultur, Religion und Mentalität), um zu bekennen: *Wahrhaftig, das ist Gottes Sohn* (Mk 15,39).

In Christus erlöst sterben zu können, ist großer Gewinn.

Da unser Leben zwangsläufig dem Tod entgegeneilt, ist *Sterben-Lernen*, Loslassen-Lernen, Prioritäten richtig setzen lernen, zu lieben, wo uns Liebe aufgetragen und abverlangt wird, täglich Brot. Für den Nächsten im Moment meines Tuns, für mich selbst als Nahrung für das ewige Leben. So zeigt sich, dass christliche Jenseitssehnsucht keine Weltverleugnung meinen kann; hier im Jetzt, in dieser Welt, muss Christsein sich bewähren. Die Welt ist der einzige Ort, den wir haben, uns des Himmels zu versichern.

Jesus geht bis zum Äußersten. Er lehrte, heilte, wirkte, doch angesichts des Todes steigert er seine Liebe noch einmal. Dem Nächsten den Dienst am Körper nicht zu verweigern, sondern aktiv anzubieten, Füße zu waschen; jenen Körperteil, der gar nicht anders kann, als intensivst der Erde zugetan zu sein. Dass missversteht Petrus: Die Liebe zum Nächsten wächst nicht mit der Menge des Tuns, sondern mit seiner Qualität, sich zu beugen, sein Rückgrat wie sein Ego, symbolisch und real.

Und noch einen Schritt weiter geht Jesus. Er stirbt seinen Tod für andere. Schuldlos liefert er sich Spott und Gericht, Marter und Hinrichtung aus. Um uns zu retten, heute noch und jeden Einzelnen.

Im Alten Bund war und ist es Brauch – wenn auch rituell abgemildert, kein Lamm wird mehr geschlachtet, doch des Lammes immer noch gedacht und so gegenwärtig geglaubt –, ein fehlerfreies, männliches Lamm alljährlich zu opfern, um sein Blut zu gewinnen, mit dem die Türpfosten bestrichen werden sollten, als Erkennungszeichen für Gott, die Häuser der Seinen zu schonen.

Der sündenlose Christus tritt im Neuen Bund an die Stelle dieses fehlerfreien Lammes, nicht mehr als willenloses Tier, sondern aktiv und bewusst, nicht mehr alljährlich, sondern einmal für immer, nicht mehr an einem bestimmten Ort, sondern im Himmel, der jedem Punkt der Erde zu jeder Zeit gleich nah oder gleich fern sein kann, wenn der Mensch sich abwendet, um sein Blut darzubringen anstelle aller Menschen jeder Generation.

Denn zu jeder Zeit an allen Orten sündigt der Mensch, indem er sich gegen seinen Mitmenschen vergeht, an sich selbst versündigt, an seinem Nächsten und an Gott, der beide gleichermaßen und gleichwertig als sein Ebenbild geschaffen hat. Keinem einzelnen Menschen ist es geschenkt, seine Fehler ungeschehen zu machen; wenn er ausreichend menschlich ist, bittet er um Verzeihung, wenn er ausreichend heilig ist, bittet er auch Gott um Vergebung. Was dem Menschen unmöglich ist – die Sünde in vollem Umfang zu heilen –, das vollbringt Gott, der seinen Sohn uns sandte, um allen Menschen einen Ausweg aus diesem Teufelskreislauf des *Wie du mir, so ich dir* anzubieten, nicht aufzuzwingen, sondern anzubieten.

Dazu braucht es die Feier der Eucharistie, dieses einmalige Opfer Christi gegenwärtig zu setzen; dazu braucht es den Dienst des Priesters, Mittler und Mahner zu sein; dazu braucht es immer wieder Menschen, die sich bücken und beugen, in den Dreck sich senken, um wahrhaft frei zu werden. Frei von den verkehrten Bindungen an alles Irdische, frei vom Irrglauben, die Welt könne uns alles geben. Nein; der Mensch, sein Geist und seine Seele sind zu groß und zu weit, um in den engen Grenzen seines Körpers und seiner Lebenszeit vollends göttlich zu werden.

Ohne Christus fehlt uns der Mensch, der Gottes Liebe uns zeigt.
Ohne Christus bleibt der Mensch sich selbst überlassen.
Ohne Christus ist mein Leben zu kurz.

Johannes 18,33-40
Mein Königtum ist nicht von dieser Welt

³³ Pilatus ging wieder in das Prätorium hinein, ließ Jesus rufen und fragte ihn: Bist du der König der Juden?

³⁴ Jesus antwortete: Sagst du das von dir aus, oder haben es dir andere über mich gesagt?

³⁵ Pilatus entgegnete: Bin ich denn ein Jude? Dein eigenes Volk und die Hohenpriester haben dich an mich ausgeliefert. Was hast du getan?

³⁶ Jesus antwortete: Mein Königtum ist nicht von dieser Welt. Wenn es von dieser Welt wäre, würden meine Leute kämpfen, damit ich den Juden nicht ausgeliefert würde. Aber mein Königtum ist nicht von hier.

³⁷ Pilatus sagte zu ihm: Also bist du doch ein König? Jesus antwortete: Du sagst es, ich bin ein König. Ich bin dazu geboren und dazu in die Welt gekommen, dass ich für die Wahrheit Zeugnis ablege. Jeder, der aus der Wahrheit ist, hört auf meine Stimme.

³⁸ Pilatus sagte zu ihm: Was ist Wahrheit? Nachdem er das gesagt hatte, ging er wieder zu den Juden hinaus und sagte zu ihnen: Ich finde keinen Grund, ihn zu verurteilen.

³⁹ Ihr seid gewohnt, dass ich euch am Paschafest einen Gefangenen freilasse. Wollt ihr also, dass ich euch den König der Juden freilasse?

⁴⁰ Da schrien sie wieder: Nicht diesen, sondern Barabbas! Barabbas aber war ein Straßenräuber.

Mein Königtum ist nicht von dieser Welt (Joh 18,36). Vielleicht sieht Pilatus in diesem Mann einen armen Irren, der keine Gefahr weder für ihn noch für das Reich darstellt; Grund zur Verurteilung sieht er jedenfalls keinen. Und dennoch werden wir ein paar Stunden nach dieser Szene über dem Kreuz Jesu eine Inschrift finden, die den Grund der Verurteilung Jesu angibt: *Iesus Nazarenus Rex Iudaeorum – Dies ist der König der Juden* (Mk 15,26; Lk 23,38).

Selbstverständlich nicht ernst gemeint (Könige kreuzigt man nicht, das verbietet die Etikette, man schickt sie ins Exil), doch für die, die es ernst gemeint haben mit diesem Jesus, ist es eine ernste Mahnung. Und tatsächlich verstecken sich die Jünger zunächst, zwischen Karfreitag und Ostersonntag.

Es mag sein, dass die Anklage führende jüdische Oberschicht ein Element der Messiaserwartung dieser Zeit zum Vorwand für Jesu Verurteilung machte. Der Messias sollte die Erneuerung der nationalen Souveränität des Landes bringen. Bei der römischen Besatzungsmacht hoffte man, damit offene Türen einzutreten; an einem Thronanwärter in der besetzten Zone konnten sie kaum Interesse haben.

Manche Züge an Jesus lassen erahnen, dass er sich womöglich selbst als solcher Messias sah. Sein Einzug in die Stadt Jerusalem auf dem Rücken einer Eselin ist weder Zeichen von Armut noch Geste von Bescheidenheit, sondern schlicht kühl berechneter, bewusst inszenierter Anspruch auf den Thron seines Vaters David. Denn der Prophet Sacharja hatte verheißen: *Siehe, dein König kommt zu dir auf dem Fohlen einer Eselin* (Sach 9,9). Manch andere Züge wie dieses Verhör bei Pilatus *("Mein Königtum ist nicht von dieser Welt")* raten von solch einer Interpretation allerdings wiederum ab (obwohl – wenn schon nicht *von dieser Welt* – ein anderes Königtum im Blick gewesen ist).

Mein Königtum ist nicht von dieser Welt, Jesus Christus Rex – König stellt uns vor ein Problem. „König" bedeutet ein bestimmtes Gesellschaftsmodell, eine Gruppe von Menschen, an deren Spitze eben der König steht. Der König, der durch seine Worte den Rahmen, den großen und den kleinen, für Alltag und Festtag seiner Gemeinde absteckt. Links und rechts davon gibt es nichts.

Nun gibt es jene, die diese Gesellschaft in der Kirche als solcher – und nur hier – verwirklicht sehen und solche, die an die Kirche glauben und dennoch sehen, dass Menschen zeitgleich auch in ein politisches Gesellschaftssystem eingebettet sind. Die ersten Christen des römischen Reiches haben für die Kaiser, auch wenn sie von ihnen verfolgt wurden, gebetet. Und vor allem: Sie haben Zeugnis für ihren Glauben vor den politischen Autoritäten abgelegt und dafür den Tod erlitten. Gebetet haben sie trotz dieser Widrigkeiten für sie.

In unseren Ländern sind Kirche und Staat getrennt, doch wo verläuft die Grenze? Wie christlich darf oder muss ein Politiker sein? Wie politisch darf die Kirche sein? Ist es in Ordnung, *im Rahmen des Glaubens* eine Politik zu verurteilen, *im Rahmen der staatsbürgerlichen Pflichten* aber jene – „schließlich ist man ja auch Realist" – Parteien zu wählen, die die christlichen Grundwerte mit Füßen treten?

Es scheint Fragen des Lebens zu geben, deren Beantwortung nicht nach Parteiinteressen kalkulierenden Politikern allein überlassen werden können. Gläubige Menschen sehen die Würde des Menschen in einem größeren, klareren Kontext und sind nicht auf Wählerstimmen angewiesen.

Jeder von uns, egal welchen Berufes, welcher Überzeugung, an welcher Stelle in der Gesellschaft, steckt in diesem Dilemma. In welchen Dingen *darf* ich mich wie ein *Kind dieser Welt* verhalten und in welchen *muss* ich meine Heimat, meine Identität, meine Kraft aus Höherem als aus menschlichen Interessen ziehen? Eine spannende, lebenslange Aufgabe, die Leben heißt; es soll auch ein Leben aus dem Glauben genannt werden können.

Markus 15,22
Golgota – Das Wesentliche unseres Glaubens

> Und sie brachten Jesus an einen Ort namens Golgota, das heißt übersetzt: Schädelhöhe.

In Jerusalem ist uns so vieles hilfreich, das Leiden Jesu zu betrachten. Der Garten seiner Todesangst Getsemani; St. Peter beim Hahnenschrei, dem Ort des Verrates; Golgota, die Stätte des Kreuzes, der Salbungsstein, sein Grab. Wir können all dies mit eigenen Augen sehen und mit unseren Händen fassen. Unser Glaube ist nicht fromme Mär, sondern greifbar und handfest.

Es ist würdig und recht, wenn der fromme Pilger vor seinem geistigen Auge Jesus an diesen heiligsten Stätten erblicken lernt; wenn er sich müht, mit ihm zu leiden, in Getsemani förmlich sieht, wie Jesus angesichts seines Todes – inmitten der heute noch existierenden Friedhöfe – Angstblut schwitzt, erschauert und erzittert bei jedem Peitschenhieb, der seinen makellosen Körper schändet, mit ihm leidet bei jedem Schritt des Leidensweges.

Es ist aber ebenso nötig, die schlafenden Jünger nicht zu übersehen in Getsemani und nicht den leugnenden Petrus, nicht die nur von fern zusehenden Jünger. Mit ihnen allen sind auch wir gemeint, die nicht mit Jesus beten, ihn nicht bekennen und nur flüchtig Anteil haben wollen, sobald das Kreuz droht.

Ja, es ist würdig und recht zu weinen, wenn Nägel Hände und Füße des göttlichen Heilands durchbohren – aber es reicht noch lange nicht!

Es sind Emotionen, wachgerufen durch die Liturgie der Karwoche, verstärkt durch die heiligsten Stätten, doch flüchtig, sobald die Zeit voranschreitet und der Raum sich ändert.

So intensiv wir mit Jesus auf Kalvaria mitleiden mögen, so erschreckend wenig bleibt davon erhalten, wenn es darauf ankommt, die rechte Lehre aus Jesu Tun zu ziehen.

Wir übersehen das große *Warum* und das große *Wie*.

Jesus leidet seine Qualen, um uns ein Beispiel zu geben, wie wir uns verhalten sollen, wenn uns unsere Qualen erreichen. Jesus will uns Vorbild sein, in seinem Schweigen, seinem Gehorsam, seinem geduldigen Ertragen aller Prüfungen und Widerwärtigkeiten des Lebens.

Wenn unsere Qualen uns erreichen, beschweren wir uns wie selbstverständlich bei unserem Gott, dass er uns verlassen habe! Wir schweigen nicht, wir poltern! Wir fluchen unserem Peiniger, anstatt zu segnen; wir lehnen uns auf, anstatt zu tragen!

Wir begreifen das *Wozu* der Passion unseres Herrn nicht. Gerade in den tiefsten Tiefen, in den schwersten Stunden will unser Gott uns nicht alleinlassen. Wenn alle gehen, ist Jesus noch da. Wie auch immer meine Prüfung aussehen mag, Jesus hat sie schon bestanden für mich. In seinem Tun wird meine Last nicht entwertet, sondern geheiligt.

Wenn wir endlich begreifen, dass wir uns aus unserem Mitleid, das wir in diesen Stunden für Jesus empfinden, aufschwingen dazu, Mitleid mit uns selbst zu haben: Dann beginnt das Kreuz zu strahlen, zum Segen und zum Weg unseres Heiles zu werden.

Konzentrieren wir uns auf das Wesentliche unseres Glaubens.

Wir glauben, dass hinter allem, Himmel und Erde, Welt und Mensch, ein Gott als Schöpfer und Urgrund steht. Aus seinem Willen ist alles geworden und hat alles Bestand.

Wir glauben, dass wir kraft unseres Geistes teilhaben können an dem Geist Gottes selbst.

Wir sind nicht bloßer Mechanismus im Wechselspiel von Stoffwechsel und Molekülen; wir haben Verstand und Intellekt, Emotion, Hoffnung und Sehnsucht. Wir beschränken uns nicht auf uns selbst, sondern strecken uns aus nach Glück und Heil, nach Zufriedenheit und Liebe und Geliebtwerden.

Dies ist mehr, als wir erklären, begreifen und manchmal ertragen können. Der Lauf des Lebens entzieht sich uns; ob wir Glück haben oder Pech, Treue finden oder verlassen werden – all dies ist Gnade, ist Geschenk.

Konzentrieren wir uns auf das Wesentliche unseres Glaubens.

Unserem Gott ist all dies, nach getanem Werk der Schöpfung, nicht egal; wir sind nicht Marionetten, geschaffen zu seiner Unterhaltung und Bewirtung, wie Griechen, Römer, Ägypter, Babylonier und Sumerer nebst anderen glaubten. Inmitten einer solchen Welt steht ein Gott auf, der sich des Menschen annimmt, seiner erbarmt. Sein Schicksal, mein Schicksal interessiert ihn, lässt ihn eifern, zornig sein und in Liebe Ausschau halten. Er lässt uns unseren Freiraum und steht doch immer neben mir, wacht immer über mir, hält fest mein Straucheln, lenkt mein Zaudern, erleuchtet mein Dunkel, weist den Weg, verzeiht, wo Menschen nicht verzeihen können. Ihm ist des Menschen Wohl und Wehe nicht egal.

Konzentrieren wir uns auf das Wesentliche unseres Glaubens.

Er hat des Menschen Wohl und Wehe nicht bloß von neben, oben, unten, aus der Ferne, von Weitem betrachtet. Die Höhen der Distanz hat er verlassen, Mensch ist er geworden, nicht zum Schein wie Zeus oder Poseidon, sondern mit Haut und Haar und jeder Faser der Menschennatur, die sterblich ist an ihm. Sterblich ist Er geworden, als Einziger der Götter ringsum, ohne Wenn und Aber, noch bevor er sich sicher sein konnte, dass wir ihm glauben werden, noch als wir Sünder waren, glaubte er bereits an uns.

Er stirbt am Kreuz. Aus freiem Willen. Nicht weil er hätte müssen, sondern weil er gerade hier, am tiefsten Punkt des Menschen, nicht nebenstehen wollte.

Nichts hätte ich zwingen können – und so ist es zutiefst wahr und stimmig, logisch und rational: Er starb meinen Tod.

Freilich sterben wir immer noch; doch wie viel leichter, wo doch Gott es ist, der mich erwartet.

Das ist das Wesentliche unseres Glaubens.

Katholische Prozession am Ostersonntag um die Grabkapelle in der Grabeskirche.

Markus 16,1-20 Wer soll das glauben?

¹ Als der Sabbat vorüber war, kauften Maria aus Magdala, Maria, die Mutter des Jakobus, und Salome wohlriechende Öle, um damit zum Grab zu gehen und Jesus zu salben.

² Am ersten Tag der Woche kamen sie in aller Frühe zum Grab, als eben die Sonne aufging.

³ Sie sagten zueinander: Wer könnte uns den Stein vom Eingang des Grabes wegwälzen?

⁴ Doch als sie hinblickten, sahen sie, dass der Stein schon weggewälzt war; er war sehr groß.

⁵ Sie gingen in das Grab hinein und sahen auf der rechten Seite einen jungen Mann sitzen, der mit einem weißen Gewand bekleidet war; da erschraken sie sehr.

⁶ Er aber sagte zu ihnen: Erschreckt nicht! Ihr sucht Jesus von Nazaret, den Gekreuzigten. Er ist auferstanden; er ist nicht hier. Seht, da ist die Stelle, wo man ihn hingelegt hatte.

⁷ Nun aber geht und sagt seinen Jüngern, vor allem Petrus: Er geht euch voraus nach Galiläa; dort werdet ihr ihn sehen, wie er es euch gesagt hat.

⁸ Da verließen sie das Grab und flohen; denn Schrecken und Entsetzen hatte sie gepackt. Und sie sagten niemand etwas davon; denn sie fürchteten sich.

⁹ Als Jesus am frühen Morgen des ersten Wochentages auferstanden war, erschien er zuerst Maria aus Magdala, aus der er sieben Dämonen ausgetrieben hatte.

¹⁰ Sie ging und berichtete es denen, die mit ihm zusammen gewesen waren und die nun klagten und weinten.

¹¹ Als sie hörten, er lebe und sei von ihr gesehen worden, glaubten sie es nicht.

¹² Darauf erschien er in einer anderen Gestalt zweien von ihnen, als sie unterwegs waren und aufs Land gehen wollten.

¹³ Auch sie gingen und berichteten es den anderen, und auch ihnen glaubte man nicht.

¹⁴ Später erschien Jesus auch den Elf, als sie bei Tisch waren; er tadelte ihren Unglauben und ihre Verstocktheit, weil sie denen nicht glaubten, die ihn nach seiner Auferstehung gesehen hatten.

¹⁵ Dann sagte er zu ihnen: Geht hinaus in die ganze Welt, und verkündet das Evangelium allen Geschöpfen!

¹⁶ Wer glaubt und sich taufen lässt, wird gerettet; wer aber nicht glaubt, wird verdammt werden.

¹⁷ Und durch die, die zum Glauben gekommen sind, werden folgende Zeichen geschehen: In meinem Namen werden sie Dämonen austreiben; sie werden in neuen Sprachen reden;

¹⁸ wenn sie Schlangen anfassen oder tödliches Gift trinken, wird es ihnen nicht schaden; und die Kranken, denen sie die Hände auflegen, werden gesund werden.

¹⁹ Nachdem Jesus, der Herr, dies zu ihnen gesagt hatte, wurde er in den Himmel aufgenommen und setzte sich zur Rechten Gottes.

²⁰ Sie aber zogen aus und predigten überall. Der Herr stand ihnen bei und bekräftigte die Verkündigung durch die Zeichen, die er geschehen ließ.

Jesus ist von den Toten auferstanden. Das sollen wir ernsthaft glauben als vernunftbegabte Menschen unserer Zeit?

Die Argumente der Zweifler haben sich seit Jesu Tagen nicht verändert: Seine Jünger hätten den Leichnam gestohlen, um doch noch groß rauszukommen nach der Tragödie des Karfreitags. Oder dieselben Jünger hätten aus Verzweiflung Psychosen, den Toten als lebend erlebt, sich und den anderen einiges schöner geredet. Er wäre nur scheinbar gestorben oder vielleicht sogar eine tragische Verwechslung mit einem unschuldig Hingerichteten, während Jesus hinter dem Vorhang sich ins Fäustchen lacht und auf seinen großen Auftritt wartet.

Irrtum, Betrug, frommes Geschwätz: Das sind die Schlagworte, die Zweifler und Literatur bis in unsere Tage beflügeln. All das können Sie aber – halten Sie inne und staunen Sie! – auch schon in der Bibel nachlesen. Kein Zweifel wird hier ausgelassen.

Die Jünger haben nämlich überhaupt keine Ambition, Jesus treu zu bleiben; sie verstecken, verbarrikadieren sich: *Bloß nicht auffallen in diesen Krisentagen!* Die Herren verstecken sich aus Angst, ihnen könnte ein ähnliches Schicksal wie Jesus blühen, hinter verschlossen Türen und dicken Mauern; warten, bis die Lage sich beruhigt, sich keiner mehr erinnert.

Sie erinnern sich nicht an Jesu Wort beim Abendmahl (Mk 14,22-25; 1 Kor 11,23-25) und viele Male davor, „der Gerechte müsse leiden und werde auferstehen". Zu tot ist Jesus; mit ihm Glaube, Hoffnung, Liebe beerdigt.

Selbst die Hohenpriester und Römer sind da noch erwartungsvoller: Das Grab wird extra stark bewacht; schließlich könnten die Jünger ja den Leichnam stehlen wollen und neue Lügengeschichten auftischen (Mt 27,62-66). Auf die Idee kommen die Herren Apostel gar nicht. Frauen sind es, die ans Grab eilen, um den letzten Liebesdienst – die Leichnam-Waschung-Salbung – zu vollziehen, für die (weil Pessach-Abend) keine Zeit mehr war.

Das wäre ja die denkbar dümmste Idee des Ostertages, wenn man einen Betrug wirkungsvoll unter die Masse bringen wollte, ausgerechnet Frauen zu Zeugen der Botschaft zu machen: Frauen, deren Zeugnis der damaligen Welt genauso viel, genauso wenig galt wie die trockene Ausdünstung eines beiläufig ergrauten Kamels in einer menschenleeren Wüste. Die Jünger sprechen uns aus der Seele: „Doch die Apostel hielten das alles für Geschwätz und glaubten ihnen nicht." (Lk 24,11). Das will ich aber Konsequenz nennen! Zeitlebens holte Jesus Frauen vom Rand der Gesellschaft in deren Mitte und nach dem Tod stellt er ihr Zeugnis ins Zentrum des Geschehens. Bravissimo! Und mit Verlaub, wer um des eigenen Profites willen betrügen will, kommt für gewöhnlich ganz schnell wieder zu Verstand, wenn ihm der eigene Tod deshalb blühen soll. Die Jünger aber gehen – freudig sogar! – für ihre Rede von Jesu Auferstehung in den Tod, lassen sich zerfleischen im Zirkus zum Gaudium der Schaulustigen, die sich schon an der ersten Via Dolorosa krankhaft aufgeilten, kein Mitleid zeigten. Sterben ist für sie nur Gewinn, bald ganz bei Jesus zu sein (Phil 1,21). Es ist dieselbe Hoffnung auf himmlische Gerechtigkeit, die heute in unserer Region Christen in die Knie zwingt, den Kopf hinhalten lässt, ohne abzuschwören, ohne zu verzweifeln. Gott sei ihren Seelen ein gnädiger Vater.

Erst als *Er* – Jesus – erscheint, erscheint alles in neuem Licht. Thomas, *der Ungläubige* sein eigentlicher Name, glaubt den Kollegen nicht, will selber erst glauben, wenn sein spitzer Finger ganz tief sich in die Todeswunde bohrt. Als sie dann vor ihm klafft, die offene Brust, verstummt das spitze Maul. Welcher Minderbegabte sollte sowas auch noch schriftlich für die Nachwelt festhalten, wenn er das alles vergessen machen will?

Hier wurde nichts erfunden. Ganze *vier* Evangelien überliefern uns die Ostererzählung, die alles andere als einheitlich ist, nicht *einen* Betrug. Hier – in dieser Stadt – geschah vor 2000 Jahren etwas, was wir heute noch immer nicht fassen können. Hätte man irgendwo noch ein Knöchelchen Jesu vorweisen können; nichts davon würden wir heute mehr wissen. Petrus und Maria Magdalena, die Apostel und die Frauen, ja auch die Richter Hannas, Kajaphas und Pilatus lebten ja allesamt noch, als die Evangelien niedergeschrieben wurden. Nicht einer oder zwei haben Erscheinungen und halluzinieren womöglich aufgrund enttäuschter Hoffnung; einem ganzen Dutzend, Hunderten erscheint der Herr.

Zu alt, zu zahlreich, zu verschieden sind die Zeugen, als dass man – methodisch sauber – einfach eine fromme Einbildung annehmen könnte.

Es bleibt also dabei: Die Bibel erzählt uns – mit allen Zweifeln, die man damals wie heute nur haben kann – von der Auferstehung Jesu.

Und das Absurde, dies vollkommen Widersinnige wollen Sie nun schon einfach so glauben? Haben Sie denn niemals jemand sterben sehen? Waren Sie nie dabei, als ein Sarg vernagelt, ein Grab gefüllt wurde? Haben Sie noch nicht Leichenstarre mit eigenen Händen ertastet und sind in allen Fasern Ihres Lebens erschrocken ob der Endgültigkeit des Todes?

Die Heilige Schrift ist allen anderslautenden Gerüchten zum Trotz nicht stumpfsinnig, sondern ausgesprochen klarsichtig. Sie sagt uns an keiner Stelle, *wie* Auferstehung geht, sie stellt fest, *dass* Jesus auferstanden ist. Das *Wie* hat niemand gesehen und lässt sich – mangels Erfahrung und Vergleichsmöglichkeit – auch nicht so einfach sagen.

Um zu verstehen, wie es zur Auferstehung kommt – zu Jesu und zu meiner –, müssen wir vielmehr die ganze Geschichte betrachten: Was ist der Mensch und was hat Jesus dem Menschen, uns heute zu sagen?

Leben will ein Mensch grundsätzlich, gut und lange, ungestört und möglichst sorgenlos. Der Tod, dummerweise unvermeidbar, möge dann bitte schnell und schmerzlos sein. Jeder Mensch will auch etwas erreichen in seinem Leben, vorwärtskommen, Erfolg haben, vielleicht sogar – wenn er besonders ambitioniert ist – auch Spuren hinterlassen, wenn er einmal nicht mehr ist.

Überlegen wir: Wer ein Buch schreibt, behandelt einen Gegenstand oder ein Thema, dessen Geschichte oder Entwicklung. Das Buch wird sich eher verkaufen, wenn ein neuer Gedanke dabei ist, der Mörder nicht der Gärtner war. Aber ist der Gedanke, die Sensation wirklich neu? Setzt sie sich nicht aus Elementen zusammen, die andere schon vor mir dachten? Ist nicht nur die Verbindung der Aspekte neu; mein Genie also gar nicht so originell?

In der Wissenschaft nicht wirklich anders, ob Technik, Biologie oder Mathematik: Neues und Erfindungen eröffnen sich, weil wir den Gesetzen der Natur schrittweise auf die Spur kommen. Der Mensch schafft sie nicht, er ent-deckt lediglich, was von vornherein bereits vorhanden war, bloß noch un-ent-deckt. Der Wissenschafter als Auf-Decker ist kein Schöpfer, der wirklich substanziell Neues ins Dasein ruft. Selbst die Zeugung eines Kindes schafft nicht neues Leben. Das Leben an sich existiert ja bereits, es wird einem neuen Menschenwesen durch die Liebe seiner Eltern lediglich zugeeignet.

Nichts. Nichts, aber auch schon rein gar nichts kann der Mensch aus sich allein heraus an wirklich Neuem „schaffen", im Sinne einer neuen, zuvor nicht vorhandenen Realität. Nichts! Außer der Sünde.

Die Sünde ist die einzige Wirklichkeit, deren Urheber der Mensch ist. Mit ihr schaffe ich Zwietracht, sähe ich Hass, ernten wir Krieg. Aus freiem Willen, in böser Absicht setze ich Lügen in die Welt und Verleumdungen, nehme anderen

Lebensraum und Lebensatem, stürze in Einsamkeit und Nacht durch Verachtung, Missachtung und Missbrauch. Des Menschen Sünde – aus freiem Willen getan – zwingt anderen Menschen eine neue Realität auf, mit der sie ungefragt und ungewollt fortan leben und zurechtkommen müssen.

Hier nun tritt unser Gott auf den Plan mit seinem Sohn. Geboren als Mensch inmitten von Menschen, die immerzu auf ihren Vorteil, ihr Fortkommen bedacht sind, sogar meinen, gut und fromm zu sein und dennoch ständig sündigen.

Gottes Sohn ist Mensch wie alle anderen Menschen; anders als diese aber sündigt er nicht. Sein Weg, sein Leben bleibt sündenlos, sein Leiden ist deshalb grundlos. Wofür bestraft man ihn, bespuckt man ihn, verhöhnt man ihn, verlacht man ihn, verlässt man ihn?

Eben deshalb: weil er ohne Sünde ist! Weil er ohne Sünde ist, drehen die Sünder durch! Er zeigt ihnen an seinem eigenen Leib, dass es möglich ist, mit sich und seinen Mitmenschen im Reinen zu bleiben, ohne sich an ihnen zu vergreifen. Das kann der nicht ertragen, der Sündigen für den Normalfall hält. Deswegen heißt es ja: *Meine* Sünden brachten *ihn* ans Kreuz!

Schwestern und Brüder! Darum dreht sich die ganze Geschichte, die die Welt in Atem hält und ihr eine neue Richtung gab. Wenn es uns gelingt, ein wenig nur von Jesus anzunehmen, ein wenig nur ihn in unserem Leben Gestalt annehmen zu lassen, dann haben wir die Chance, eine vollkommen neue Realität für uns zu schöpfen. Eine, die die Realität der Sünde hinter sich lässt, aufhebt, überwindet, sie in ihr Gegenteil kehrt, Leben heißt und Auferstehung. Heute schon, wenn ich die Tränen im Gesicht meines Bruders, meiner Schwester nicht wissentlich übersehe; später dann, wenn sich die Summe meiner guten Werke im Leben zur großen Auferstehung in meinem Tod zusammensetzt.

Was ist denn Religion? Die Gestalt gewordene Hoffnung gegen den Tod, ja über den Tod hinaus.

Ich für meinen Teil will mich nicht begnügen, nach meinem Tod nur in der Erinnerung lieber Freunde weiterzuleben – das verschiebt mein endgültiges Sterben nur um deren unwesentlich längere Lebensdauer. Leben will ich, so wie ich bin, mit Haut und Haar, unverwechselbar derselbe, mit allem Glück und Wehe meines Lebens eingehen in das Reich, das Jesu Auferstehung uns erschlossen hat. Ostern ist das Angebot zu glauben, dass Liebe stärker ist als der Tod, die Liebe Gottes mich nicht in meinem Grab vergessen kann.

Wer nicht an die Auferstehung Jesu glauben kann, muss besonders mutig sein.

Es braucht schon besonderen Mut, sein Leben jeden Tag zu meistern in der Meinung, mit dem Grab sei alles aus. Da käme nichts mehr; kein Lohn, keine Freude, keine Gerechtigkeit. *So mutig bin ich nicht*, schrieb Marie Luise Kaschnitz in einem Oster-Gedicht. So mutig bin auch ich nicht.

Das Wissen um mein Grab schenkt mir keine Lebensfreude; die Hoffnung auf die Auferstehung aber gibt mir Kraft.

Dieser Glaube ist so wenig vorgestrig wie unser heutiges und zukünftiges Leiden, dem wir unausweichlich entgegengehen.

Dieser Glaube ist grandios, weil er keine Antwort schuldig bleibt.
Dieser Glaube ist Leben.
Jesus, sei mir Sünder gnädig.

Matthäus 28,1-20 Er ist auferstanden

¹ Nach dem Sabbat kamen in der Morgendämmerung des ersten Tages der Woche Maria aus Magdala und die andere Maria, um nach dem Grab zu sehen.

² Plötzlich entstand ein gewaltiges Erdbeben; denn ein Engel des Herrn kam vom Himmel herab, trat an das Grab, wälzte den Stein weg und setzte sich darauf.

³ Seine Gestalt leuchtete wie ein Blitz, und sein Gewand war weiß wie Schnee.

⁴ Die Wächter begannen vor Angst zu zittern und fielen wie tot zu Boden.

⁵ Der Engel aber sagte zu den Frauen: Fürchtet euch nicht! Ich weiß, ihr sucht Jesus, den Gekreuzigten.

⁶ Er ist nicht hier; denn er ist auferstanden, wie er gesagt hat. Kommt her und seht euch die Stelle an, wo er lag.

⁷ Dann geht schnell zu seinen Jüngern und sagt ihnen: Er ist von den Toten auferstanden. Er geht euch voraus nach Galiläa, dort werdet ihr ihn sehen. Ich habe es euch gesagt.

⁸ Sogleich verließen sie das Grab und eilten voll Furcht und großer Freude zu seinen Jüngern, um ihnen die Botschaft zu verkünden.

⁹ Plötzlich kam ihnen Jesus entgegen und sagte: Seid gegrüßt! Sie gingen auf ihn zu, warfen sich vor ihm nieder und umfassten seine Füße.

¹⁰ Da sagte Jesus zu ihnen: Fürchtet euch nicht! Geht und sagt meinen Brüdern, sie sollen nach Galiläa gehen, und dort werden sie mich sehen.

¹¹ Noch während die Frauen unterwegs waren, kamen einige von den Wächtern in die Stadt und berichteten den Hohenpriestern alles, was geschehen war.

¹² Diese fassten gemeinsam mit den Ältesten den Beschluss, die Soldaten zu bestechen. Sie gaben ihnen viel Geld

¹³ und sagten: Erzählt den Leuten: Seine Jünger sind bei Nacht gekommen und haben ihn gestohlen, während wir schliefen.

¹⁴ Falls der Statthalter davon hört, werden wir ihn beschwichtigen und dafür sorgen, dass ihr nichts zu befürchten habt.

¹⁵ Die Soldaten nahmen das Geld und machten alles so, wie man es ihnen gesagt hatte. So kommt es, dass dieses Gerücht bei den Juden bis heute verbreitet ist.

¹⁶ Die elf Jünger gingen nach Galiläa auf den Berg, den Jesus ihnen genannt hatte.

¹⁷ Und als sie Jesus sahen, fielen sie vor ihm nieder. Einige aber hatten Zweifel.

¹⁸ Da trat Jesus auf sie zu und sagte zu ihnen: Mir ist alle Macht gegeben im Himmel und auf der Erde.

¹⁹ Darum geht zu allen Völkern, und macht alle Menschen zu meinen Jüngern; tauft sie auf den Namen des Vaters und des Sohnes und des Heiligen Geistes,

²⁰ und lehrt sie, alles zu befolgen, was ich euch geboten habe. Seid gewiss: Ich bin bei euch alle Tage bis zum Ende der Welt.

Er ist nicht hier, denn er ist auferstanden, wie er gesagt hat. Kommt her und seht euch die Stelle an, wo er lag (Mt 28,6).

Noch lapidarer kann die Osterbotschaft nicht gesagt werden; gar nicht einmal feierlich und präzis auch nicht wirklich. Die Bibel erzählt uns nicht, *wie* denn das aussah, *Auferstehung, wie* wir uns das vorzustellen haben, *von den Toten auferstehen,* physisch, biologisch und materiell. Würde die Bibel uns das beschreiben wollen, müsste sie lügen.

Unser Denken und Verstehen funktioniert dergestalt, dass wir mit unseren Begriffen und Bildern nur Sachverhalte bezeichnen können, die wir aus Erfahrung kennen. Etwas ist grün, weil etwas anderes blau ist; etwas klein, weil etwas anderes groß ist; rund, weil anderes eckig. Unser Denken und Verstehen lebt aus dem Vergleich. *Auferstehen* ist so unvergleichlich erstmalig, dass wir kein Vokabular dafür haben können.

Dumm aber auch. Ostern, Auferstehung ist der Hauptinhalt allen christlichen Glaubens und wir können niemandem plausibel und sinnvoll davon erzählen. Worüber wundern wir uns, wenn es vielen schwerfällt zu glauben?

Mit jedem Fortschritt, technisch und wissenschaftlich, in der Geschichte der Menschen reift auch der verstehende und ordnende Geist immer mehr heran, gerade heute. Nicht mehr numinos, nicht mehr mythisch, von Göttern und Sternen getrieben, gestaltet sich das Leben, frei von Aberglauben.

Glaube und Wissen sind einander nicht feind, selbst die Heilige Schrift sagt ganz am Anfang: *Bevölkert die Erde und macht sie euch untertan* (Gen 1,28) – was Wissen und Technik und deren Gebrauch und Verwendung voraussetzt. Erschöpft sich aber der Mensch in diesen Kategorien des Lebens? Ist alles messbar, zuteilbar, planbar und beabsichtigt? Ist das spannende am Leben nicht das Überraschende, das Unverdiente der Liebe? Brauchen wir nicht die Anerkennung der anderen, um leben zu können, reifen wir nicht gerade aus Schmerz und Enttäuschung? Wer wollte behaupten, diese Hauptfaktoren menschlichen Lebens unter Kontrolle zu haben?

Nicht einmal den Satz *Heute ist schönes Wetter* kann Wissenschaft für jedermann *beweisen*.

Genau jenes, das uns nervös macht, wenn wir an die Grenzbereiche des Machbaren (medizinisch, technisch, wissenschaftlich) denken; was uns irritiert und abstößt, zum Nachdenken zwingt, wenn Natur und Umwelt uns verloren gehen, wenn die Gesetze des Kapitalismus aus dem Ruder laufen, jener Ort, in den wir fallen, wenn Einkommen und Leben uns entzogen werden – all dies erhebt uns über die Materie, erhebt uns über Mythen und Aberglauben, gibt uns Einsicht und Geist und bestimmt den Menschen in seinem Innersten.

Wenn der Verstand sich auf das zuhandene Messbare beschränkt und nicht auch den Menschen in seinem Sehnen in den Blick nimmt, beraubt er sich seiner eigenen Möglichkeiten. Glaube muss nicht widersinnig sein, um Glaube zu sein; Glaube ist es, der dem Ganzen Sinn gibt.

Kommt her und seht euch die Stelle an, wo er lag.

Wir sind an jener Stelle in Jerusalem und können das leere Grab sehen. *Er ist nicht hier, denn er ist auferstanden, wie er gesagt hat.* In seiner Abwesenheit, in der Leere seines Grabes west die höchste Dichte menschlichen Wesens: Befreit von allem Erdschweren, erlöst zu reinem Geist, erhoben in die Wahrheit allen Seins.

Johannes 20,1-18 Die Frohbotin

[1] Am ersten Tag der Woche kam Maria von Magdala frühmorgens, als es noch dunkel war, zum Grab und sah, dass der Stein vom Grab weggenommen war.

[2] Da lief sie schnell zu Simon Petrus und dem Jünger, den Jesus liebte, und sagte zu ihnen: Man hat den Herrn aus dem Grab weggenommen, und wir wissen nicht, wohin man ihn gelegt hat.

[3] Da gingen Petrus und der andere Jünger hinaus und kamen zum Grab;

[4] sie liefen beide zusammen dorthin, aber weil der andere Jünger schneller war als Petrus, kam er als Erster ans Grab.

[5] Er beugte sich vor und sah die Leinenbinden liegen, ging aber nicht hinein.

[6] Da kam auch Simon Petrus, der ihm gefolgt war, und ging in das Grab hinein. Er sah die Leinenbinden liegen

[7] und das Schweißtuch, das auf dem Kopf Jesu gelegen hatte; es lag aber nicht bei den Leinenbinden, sondern zusammengebunden daneben an einer besonderen Stelle.

[8] Da ging auch der andere Jünger, der zuerst an das Grab gekommen war, hinein; er sah und glaubte.

[9] Denn sie wussten noch nicht aus der Schrift, dass er von den Toten auferstehen musste.

[10] Dann kehrten die Jünger wieder nach Hause zurück.

[11] Maria aber stand draußen vor dem Grab und weinte. Während sie weinte, beugte sie sich in die Grabkammer hinein.

[12] Da sah sie zwei Engel in weißen Gewändern sitzen, den einen dort, wo der Kopf, den anderen dort, wo die Füße des Leichnams Jesu gelegen hatten.

Detail der bereits restaurierten Mosaiken in der Geburtskirche in Betlehem.

¹³ Die Engel sagten zu ihr: Frau, warum weinst du? Sie antwortete ihnen: Man hat meinen Herrn weggenommen, und ich weiß nicht, wohin man ihn gelegt hat.

¹⁴ Als sie das gesagt hatte, wandte sie sich um und sah Jesus dastehen, wusste aber nicht, dass es Jesus war.

¹⁵ Jesus sagte zu ihr: Frau, warum weinst du? Wen suchst du? Sie meinte, es sei der Gärtner, und sagte zu ihm: Herr, wenn du ihn weggebracht hast, sag mir, wohin du ihn gelegt hast. Dann will ich ihn holen.

¹⁶ Jesus sagte zu ihr: Maria! Da wandte sie sich ihm zu und sagte auf Hebräisch zu ihm: Rabbuni!, das heißt: Meister.

¹⁷ Jesus sagte zu ihr: Halte mich nicht fest; denn ich bin noch nicht zum Vater hinaufgegangen. Geh aber zu meinen Brüdern, und sag ihnen: Ich gehe hinauf zu meinem Vater und zu eurem Vater, zu meinem Gott und zu eurem Gott.

¹⁸ Maria von Magdala ging zu den Jüngern und verkündete ihnen: Ich habe den Herrn gesehen. Und sie richtete aus, was er ihr gesagt hatte.

Nicht grundlos wird Maria von Magdala in der kirchlichen Tradition *apostola apostolorum* genannt, die Apostelin der Apostel, sinngemäß *jene, die Kunde bringt jenen, die Kunde bringen*.

Die Apostel sind uns wohl ein Begriff, die weibliche Apostelin Maria von Magdala steht – was Ostern betrifft – vor ihnen. Sie ist die Erste am Grab, sie ist die Einzige, die – nicht so Petrus und der andere Jünger – den Herrn auch sieht.

Bei allen Evangelisten sind es Frauen, die eine bedeutende, ja bestimmende Rolle im Ostergeschehen spielen. Die Kunde der Auferstehung zu bringen, ist Sache der Frauen, während die Männer sich aus Angst verschließen und einschließen.

In der Gestalt Marias von Magdala finden sich andere Frauengestalten des Alten Testaments wieder. In der Zeit der Makkabäerkriege etwa wurden sieben Brüder zum Tod verurteilt und in Gegenwart ihrer Mutter hingerichtet (2 Makk 7), die sie dazu ermuntert hatte, lieber die Schmach des Todes zu erdulden, als die Gesetze des lebendigen Gottes zu verleugnen. Zuletzt stirbt auch sie mit dem Bekenntnis zur Auferstehung auf den Lippen, das sie ihren Kindern so sorgfältig eingepflanzt hatte. An ewiges Leben zu glauben und daraus dieses Leben zu meistern, ist alles andere als selbstverständlich, in diesem Glauben ist die Mutter der sieben Makkabäerbrüder auch die Mutter des Glaubens einer Maria Magdalena.

Sensationsgier machte aus Maria von Magdala die Sünderin, die Jesu Leib mit ihrem Haar für sein Begräbnis salbte und es dauerte nicht lange, da wurde den beiden ein Verhältnis angedichtet.

Die Begegnung im Garten des Grabes erinnert aber vielmehr an das alttestamentliche Buch des Hohenliedes der Liebe, an jene Stelle, in der die Geliebte den Geliebten sucht, ihn zuerst nicht finden kann, den Wächtern begegnet und erst im zweiten Anlauf den gesuchten Geliebten findet (Joh 20,17). Das Griechische ist auch hier sehr klar, wenn es *Eros* von *Agape*, Liebe von Liebe unterscheidet. Das eine verbindet ein Liebespaar, das andere ein Paar von Menschen, die sich in Liebe zugetan sind. Das eine kann oberflächlich bleiben, das andere niemals. Was Maria von Magdala treibt, ist Liebe, nicht Eros.

Und dennoch – erfüllt von Gram – erkennt sie den vermeintlichen Gärtner nicht; erst sein Hinweis, seine Stimme lichtet den Schleier. Wie könnte, wie sollte angesichts des Kreuzes das Leben zu erwarten sein?

Maria von Magdala sucht selbst nach Bildern für das Unfassbare und schenkt uns das Symbol des Ostereies:

Sie erscheint Kaiser Konstantin (dargestellt auf dem Altarbild des russischen Klosters auf dem Ölberg) und erklärt ihm, was Ostern – Leben aus dem Tod – bedeutet. Mithilfe eines Eies: entstehendes Leben aus an sich toter Materie. Und der Kaiser glaubt.

Die erste Zeugin des leeren Grabes als Apostelin des Auferstandenen, als Evangelistin des ersten getauften römischen Kaisers, als Wegbereiterin des Christentums, als glaubhafte Zeugin für uns selbst.

Johannes 20,19-31 Ungläubig wie Thomas

¹⁹ Am Abend dieses ersten Tages der Woche, als die Jünger aus Furcht vor den Juden die Türen verschlossen hatten, kam Jesus, trat in ihre Mitte und sagte zu ihnen: Friede sei mit euch!

²⁰ Nach diesen Worten zeigte er ihnen seine Hände und seine Seite. Da freuten sich die Jünger, dass sie den Herrn sahen.

²¹ Jesus sagte noch einmal zu ihnen: Friede sei mit euch! Wie mich der Vater gesandt hat, so sende ich euch.

²² Nachdem er das gesagt hatte, hauchte er sie an und sprach zu ihnen: Empfangt den Heiligen Geist!

²³ Wem ihr die Sünden vergebt, dem sind sie vergeben; wem ihr die Vergebung verweigert, dem ist sie verweigert.

²⁴ Thomas, genannt Didymus (Zwilling), einer der Zwölf, war nicht bei ihnen, als Jesus kam.

²⁵ Die anderen Jünger sagten zu ihm: Wir haben den Herrn gesehen. Er entgegnete ihnen: Wenn ich nicht die Male der Nägel an seinen Händen sehe und wenn ich meinen Finger nicht in die Male der Nägel und meine Hand nicht in seine Seite lege, glaube ich nicht.

²⁶ Acht Tage darauf waren seine Jünger wieder versammelt, und Thomas war dabei. Die Türen waren verschlossen. Da kam Jesus, trat in ihre Mitte und sagte: Friede sei mit euch!

²⁷ Dann sagte er zu Thomas: Streck deinen Finger aus – hier sind meine Hände! Streck deine Hand aus und leg sie in meine Seite, und sei nicht ungläubig, sondern gläubig!

²⁸ Thomas antwortete ihm: Mein Herr und mein Gott!

²⁹ Jesus sagte zu ihm: Weil du mich gesehen hast, glaubst du. Selig sind, die nicht sehen und doch glauben.

³⁰ Noch viele andere Zeichen, die in diesem Buch nicht aufgeschrieben sind, hat Jesus vor den Augen seiner Jünger getan.

³¹ Diese aber sind aufgeschrieben, damit ihr glaubt, dass Jesus der Messias ist, der Sohn Gottes, und damit ihr durch den Glauben das Leben habt in seinem Namen.

Er hat so gar nichts übersehen, der heilige Schriftsteller Johannes, in seinem Evangelium (Joh 20,19ff.). Thomas, der Ungläubige, will fühlen, tasten, sehen und sich so überzeugen, dass jener, der tot war, nun wieder lebendig ist.

Wenn ich nicht die Male der Nägel an seinen Händen sehe und wenn ich meinen Finger nicht in die Male der Nägel; man beachte die Wiederholung als Hinweis auf die Vielzahl der Wundmale Jesu. Zweimal Plural macht vier, plus die Seitenwunde sind fünf. *Und meine Hand nicht in seine Seite lege* – detailreich korrekt: Die Wunden an Händen und Füßen sind fingergroß, die Brustwunde reicht für eine ganze Hand – *glaube ich nicht* (Joh 20,25).

Thomas ist also mehr der haptische Typ; will zugreifen und spüren, physisch konkret, und sich nichts erzählen oder einreden lassen, was er nicht selbst *be-griffen* hat. Dies scheint der Vorteil seiner Zeit und Generation der Zeitgenossen und Jünger Jesu zu sein, die ihn von Angesicht sehen durften.

Johannes geht einen Schritt weiter: *Weil du mich gesehen hast, glaubst du* (Joh 20,29). Thomas' Wunsch wird erfüllt. Der Herr erscheint – und dies reicht ihm schon; aufs Tasten, Spüren, Fühlen verzichtet er kleinlaut beschämt. *Selig sind, die nicht sehen und doch glauben* klingt im Munde Jesu an Thomas gerichtet fast ein wenig wie eine Rüge (Joh 20,29).

Das Wort Jesu zielt aber auf uns, die Nachgeborenen, die Nicht-Zeitgenossen, die sich mit der Nachricht der Frauen vom Grab und der Apostel zufriedengeben müssen, den Herrn und Auferstandenen weder *vor* noch *nach* seinem Tod gesehen haben. Das ist Entscheidung des Glaubens, Sprung ins Vertrauen, sich intuitiv auf das Zeugnis der anderen zu verlassen, weil sie sich als glaubwürdig und ihre Botschaft sich als tragfähig erwiesen hat. Die Wahrheit der Botschaft gründet hier nicht mehr in tastbaren Wundmalen des Herrn, sondern in der Seligkeit, im Weg und Schicksal Jesu das eigene Leben und Schicksal erkannt zu haben.

Johannes hat schlussendlich auch die Intellektuellen, die Grübler und Sucher, die notorischen Zweifler und rationalen Geister nicht übersehen: *Noch viele andere Zeichen, die in diesem Buch nicht aufgeschrieben sind, hat Jesus vor den Augen seiner Jünger getan. Diese aber sind aufgeschrieben, damit ihr glaubt, dass Jesus der Messias ist, der Sohn Gottes, und damit ihr durch den Glauben das Leben habt in seinem Namen* (Joh 20,30f.).

Die Heiligen Schriften nicht als phantastische Fabelbücher antiken Wunderglaubens, sondern als verifizierbare Urkunden gewesener Ereignisse, die den Anspruch erheben, die Welt fortan in ihrem Gesamtgefüge zu verändern. Wer wissen will, der schlage nach. *Tolle, lege! Nimm und lies!* Mit anderen Worten: Vergeude die Kraft deines Intellekts nicht, nütze sie und reife.

Der heilige Johannes wusste offenkundig sehr gut um uns Menschen Bescheid. Die einen wollen spüren, fühlen, tasten, sehen, Bestätigung haben, bevor sie glauben; die anderen sind die Emotionalen, Rührseligen und Frommen; die Dritten wiederum die Gelehrten und Besserwisser, die alles analysieren und zerlegen, um es anschließend wieder mühevoll zu einem Ganzen zusammenzubauen, von dem man nicht mehr so genau weiß, ob es noch zu einer sinnvollen Einheit zusammengefügt werden kann.

Johannes spielt diese Typen, die tatsächlich unterschiedliche Weisen des Zugangs zum Glauben sind, nicht gegeneinander aus, sondern verbindet sie zu einer einzigen und einmaligen Geschichte.

Glaube ist kein *Entweder-oder*; Glaube ist wahr und gültig, trägt mich und fängt mich, wenn ich keinen meiner Sinne, keine meiner Fähigkeiten, keines meiner Talente ausklammere und verschone. Mit allem will Gott erkannt und geliebt werden, damit der Mensch, damit ich auch in meiner Gänze, mit allem, was mich prägt, gerettet werde.

Lukas 24,50-53 Zum Himmel empor

⁵⁰ Dann führte er sie hinaus in die Nähe von Betanien. Dort erhob er seine Hände und segnete sie.

⁵¹ Und während er sie segnete, verließ er sie und wurde zum Himmel emporgehoben;

⁵² sie aber fielen vor ihm nieder. Dann kehrten sie in großer Freude nach Jerusalem zurück.

⁵³ Und sie waren immer im Tempel und priesen Gott.

Apostelgeschichte 1,1-12

¹ Im ersten Buch, lieber Theophilus, habe ich über alles berichtet, was Jesus getan und gelehrt hat,

² bis zu dem Tag, an dem er (in den Himmel) aufgenommen wurde. Vorher hat er durch den Heiligen Geist den Aposteln, die er sich erwählt hatte, Anweisungen gegeben.

³ Ihnen hat er nach seinem Leiden durch viele Beweise gezeigt, dass er lebt; vierzig Tage hindurch ist er ihnen erschienen und hat vom Reich Gottes gesprochen.

⁴ Beim gemeinsamen Mahl gebot er ihnen: Geht nicht weg von Jerusalem, sondern wartet auf die Verheißung des Vaters, die ihr von mir vernommen habt.

⁵ Johannes hat mit Wasser getauft, ihr aber werdet schon in wenigen Tagen mit dem Heiligen Geist getauft.

⁶ Als sie nun beisammen waren, fragten sie ihn: Herr, stellst du in dieser Zeit das Reich für Israel wieder her?

⁷ Er sagte zu ihnen: Euch steht es nicht zu, Zeiten und Fristen zu erfahren, die der Vater in seiner Macht festgesetzt hat.

⁸ Aber ihr werdet die Kraft des Heiligen Geistes empfangen, der auf euch herabkommen wird; und ihr werdet meine Zeugen sein in Jerusalem und in ganz Judäa und Samarien und bis an die Grenzen der Erde.

⁹ Als er das gesagt hatte, wurde er vor ihren Augen emporgehoben, und eine Wolke nahm ihn auf und entzog ihn ihren Blicken.

¹⁰ Während sie unverwandt ihm nach zum Himmel emporschauten, standen plötzlich zwei Männer in weißen Gewändern bei ihnen

¹¹ und sagten: Ihr Männer von Galiläa, was steht ihr da und schaut zum Himmel empor? Dieser Jesus, der von euch ging und in den Himmel aufgenommen wurde, wird ebenso wiederkommen, wie ihr ihn habt zum Himmel hingehen sehen.

¹² Dann kehrten sie vom Ölberg, der nur einen Sabbatweg von Jerusalem entfernt ist, nach Jerusalem zurück.

Himmelfahrten sind wahrlich erhebende Geschehen. Fährt jemand zum Himmel auf, erhebt er sich über die Erde, wird erhoben in den Himmel, kraftvoll, wundervoll. Es braucht zwei dazu, den, der sich erhebt von unten hinauf, und den, der ihn erhebt von oben herab: den Vater und den Sohn. Himmelfahrten sind erhebende Geschehen, so kraftvoll, dass man heute noch auf dem Ölberg eine Absprungstelle, einen Fußabdruck Jesu, verehren kann.

Solche Wunder verwundern, erscheinen dem aufgeklärten Zeitgenossen unglaubwürdig. In der Zeit Jesu jedoch war Jesus kaum der Einzige, der solcher *Fahrten himmelwärts* gewürdigt wurde. Die Bibel weiß von des Propheten Elijas Entrückung, die jüdische Tradition erzählt die Himmelfahrt des Gerechten Henoch und die Muslime feiern die Himmelfahrt Mohammads, übrigens auch hier in Jerusalem. Nur in unserer Zeit scheinen Himmelfahrten seltener geworden zu sein und man darf sich fragen: *Warum?*

Es mag ja sein, dass die Zeit Jesu ein unkompliziertes, ein unreflektierteres Verhältnis zu Gott, zu Engel, Geistern und Dämonen hatte, die Menschen zitterten vor der Macht Satans und den Feuern der Hölle. Aber niemand in der Alten Welt wäre so naiv gewesen, eine Himmelfahrt als tatsächliches Erheben von der Erde in den Himmel anzunehmen. Sie wollen nicht behaupten, dies wäre tatsächlich so und nicht anders passiert; sie behaupten vielmehr, dieser in den Himmel Erhobene kehrt zu seinem angestammten Platz zurück, von dem er kam, weil er zeit seines Lebens so sein Leben lebte, als wäre er nicht von dieser Welt.

Erst in einem späteren Stadium geht diese *Leichtigkeit des Glaubens* verloren: Alles soll ganz genau gewusst werden: Wo war dieses oder jenes; wer war dabei und wer kann es bestätigen? Ein Musterbeispiel für diese Suche nach historischen Fakten ist der Verlauf der Via Dolorosa, der nachweisbar dreimal geändert wurde, sein heutiger Weg stammt bestenfalls aus dem Mittelalter und die Fußabdrücke auf dem Ölberg dürften kaum älter sein. Übrigens zeigen die Muslime heute noch die Stelle, wo Muhammad sein Fabelwesen angebunden hatte, während seiner Himmelfahrt und in der Kirche Santa Croce in Rom kann man den Finger des ungläubigen Thomas bestaunen.

Der sogenannte Fortschritt unserer Aufklärung ist gelinde gesagt ein Rückschritt: Ein Sehen mit den Augen des Herzens geht der *Vernunft alleine* verloren. Das *Denken alleine* beschränkt sich auf Sehbares, verzichtet auf die Dimension der Hoffnung wider alle logisch-nachvollziehbare Realisierbarkeit und beraubt sich selbst des Glaubens an das Gute im Menschen und an seinen Urheber-Gott. Vielleicht gibt es auch deswegen so wenig Himmelfahrten heute.

In jeder Feier der Eucharistie hören wir: *Erhebet die Herzen* und wir antworten: *Wir haben sie beim Herrn*. Haben wir sie wirklich beim Herrn? Trauen wir uns selbst *solche* Himmelfahrten überhaupt zu? Der Weg nach oben jedenfalls steht seit Jesu Himmelfahrt offen; sichtbar für den Glauben, gehbar für den Vertrauenden.

Der Finger des gläubig-gewordenen ungläubigen Thomas in Rom wird so zum Sinnbild für unsere eigene Bekehrung – völlig egal, von wem er tatsächlich stammt. Warum sollte man dann nicht in Demut vor Gottes Macht, vor ihm oder vor den Fußabdrücken auf dem Ölberg in die Knie sinken können, ohne sich vor den Logikern dieser Welt genieren zu müssen?

Apostelgeschichte 1,13 Das Obergemach

¹³ Als sie in die Stadt kamen, gingen sie in das Obergemach hinauf, wo sie nun ständig blieben: Petrus und Johannes, Jakobus und Andreas, Philippus und Thomas, Bartholomäus und Matthäus, Jakobus, der Sohn des Alphäus, und Simon, der Zelot, sowie Judas, der Sohn des Jakobus.

Der Abschnitt aus der Apostelgeschichte (Apg 1,13ff.) erweckt den Eindruck eines Einschubs zwischen Himmelfahrt und Pfingsten. Die Jünger kehren vom Ölberg der Himmelfahrt heim, ziehen sich zurück; Lukas nennt sie beim Namen und sie verharren. Das *Setting* für die Sendung des Geistes ist bereitet.

Das – wenn man so sagen darf – entschlüsselnde „Zauberwort" dieses Textes heißt *Obergemach*. Dieses eine Wort hätte in seiner Tiefe selbst schon als Lesung gereicht. *Obergemach* – der Überlieferung zufolge gehört es des Evangelisten Markus' Eltern – spannt den Bogen zwischen den Zeiten: zwischen den Tagen der Passion, der Auferstehung, der Himmelfahrt und der Geistsendung.

Hier und nirgendwo sonst feiert Jesus mit den Seinen Pessach, das Abendmahl, hier wäscht er die Füße seiner Jünger (Johannes berichtet davon an just jener Stelle seines Evangeliums, an der die anderen die Einsetzung der Eucharistie überliefern). Hierhin, in diesen Raum zogen sich die Ängstlichen zurück nach Jesu Tod, hier vernehmen sie die schier unglaubliche Kunde der Frauen, hier warten sie auf die Herabkunft des Geistes.

Das Obergemach ist in unserer Theologie dennoch erstaunlich unterbelichtet, ein theologisch bedeutsamer, ein heilsträchtiger Ort. Die ersten Christen unter dem Herrenbruder Jakobus werden genau an dieser Stelle das erste Kirchlein errichten und so der Nachwelt die Stelle markieren.

Der heutige Abendmahlssaal an derselben Stelle zwar stammt freilich aus der Zeit der Kreuzfahrer. Bei der Fülle der Kirchen und Konfessionen nicht weiter überraschend: Die Syrer kennen ihrerseits einen weiteren, einen anderen Abendmahlssaal, passenderweise jenen der Markuskirche in der Altstadt Jerusalems.

Dem Pilger begegnen solche Hinweise öfter: Hier an dieser Stelle soll dieses oder jenes gewesen sein, aber vielleicht war es auch anderswo. Das Haus Marias hier oder weiter drüben; der Kreuzweg genau da oder eventuell auch woanders, jedenfalls aber *hier*.

Bei vielen Orten aber – wie gerade beim Obergemach – hielt sich die historische Erinnerung recht gut und reicht weit ins erste Jahrhundert hinab.

Selbst wenn dem aber nicht so sein sollte, stehen wir auf heilsträchtigem Boden. Die Erzählungen der Heiligen Schrift nennen Orte und Zeiten beim Namen, geben ihnen Gestalt und Kontur in bekannter Landschaft, eine Pilgerfahrt ihrerseits belebt die Texte aus eigener Anschauung mit der Silhouette einer Stadt, eines Berges, eines Sees, des satten Grüns Galiläas oder dem Sand der Wüste. Nichts wird so sein wie zuvor; Jesu Gleichnisse gewinnen Bodenhaftung, werden konkret und fordern zum konkreten Handeln.

Darüber hinaus aber: Der Pilger reiht sich ein in eine jahrhundertelange Reihe von Christen, die ebenso wie er dieses Land besuchten, ebenso an diesen Orten Trost suchten, Gebete sprachen, Heil empfingen. Die Orte der Stadt, das Obergemach als auch die Teiche von Betesda sind geheiligt durch die Heiligung des Namens Gottes, die seit Jahrtausenden die Aura Jerusalems bestimmt und erfüllt.

Diese Aura wirken zu lassen, aufzunehmen, selber zu atmen, heißt, mit den Jüngern im Obergemach auf das Kommen des Heiligen Geistes zu warten.

Berg Tabor. Zwei Engel knien vor der Taube im Strahlenkranz, dem Symbol des Heiligen Geistes.

Apostelgeschichte 2,1-11 Pfingsttag

¹ Als der Pfingsttag gekommen war, befanden sich alle am gleichen Ort.

² Da kam plötzlich vom Himmel her ein Brausen, wie wenn ein heftiger Sturm daherfährt, und erfüllte das ganze Haus, in dem sie waren.

³ Und es erschienen ihnen Zungen wie von Feuer, die sich verteilten; auf jeden von ihnen ließ sich eine nieder.

⁴ Alle wurden mit dem Heiligen Geist erfüllt und begannen, in fremden Sprachen zu reden, wie es der Geist ihnen eingab.

⁵ In Jerusalem aber wohnten Juden, fromme Männer aus allen Völkern unter dem Himmel.

⁶ Als sich das Getöse erhob, strömte die Menge zusammen und war ganz bestürzt; denn jeder hörte sie in seiner Sprache reden.

⁷ Sie gerieten außer sich vor Staunen und sagten: Sind das nicht alles Galiläer, die hier reden?

⁸ Wieso kann sie jeder von uns in seiner Muttersprache hören:

⁹ Parther, Meder und Elamiter, Bewohner von Mesopotamien, Judäa und Kappadozien, von Pontus und der Provinz Asien,

¹⁰ von Phrygien und Pamphylien, von Ägypten und dem Gebiet Libyens nach Zyrene hin, auch die Römer, die sich hier aufhalten,

¹¹ Juden und Proselyten, Kreter und Araber, wir hören sie in unseren Sprachen Gottes große Taten verkünden.

Die *Geschichte des Turmbaus zu Babel* zählt (nicht zuletzt wegen ihrer zahlreichen Visualisierungen renommiertester Künstler im Laufe der Kunstgeschichte), trotz ihrer erstaunlichen Kürze von nur neun Versen im Buch Genesis, Kapitel 11, zu den bekanntesten überhaupt der Heiligen Schrift.

Das Thema der Sprachverwirrung verbindet die Erzählung mit dem Pfingstereignis. Kurz und bündig: Was Gott einst – veranlasst durch die Hybris des Menschen, durch einen hohen Turm zu Gottes Wohnsitz und damit zu seinem Wesen aufsteigen zu wollen – *verwirrte* und in mehrere Sprachfamilien aufsprengt, vereint derselbe Gott nun durch den Gehorsam in Christus wiederum zu einer großen Gemeinschaft, die sich im Namen Jesu sammelt.

Mit dem einen Unterschied allerdings, dass nun nicht mehr alles Volk eine Sprache spricht, sondern ein jeder aus den Völkern die Sprache des anderen versteht – dank der Gabe des Heiligen Geistes.

Ausgemerzt wird also die Verwirrung zwischen den Menschen, nicht ihre Lexika. Sprachen, Nationen, Ethnien bleiben erhalten, doch in Christus finden sie ihren gemeinsamen Sinn, der Sprachgrenzen mühelos überwindet, für Juden wie Griechen wie Heiden.

Wir erheischen in der Erzählung des Turmbaues zu Babel Einblick in die Sesshaft-Werdung eines altorientalischen Volkes, das sich eine Stadt baut, eine strukturierte Gesellschaft formuliert; also eine Hierarchie ausbildet und sich – von Priestern und Herrschern angeleitet – um ein Zentralheiligtum sammelt. Dieser Wohnsitz Gottes strebt in die Höhe, dorthin, wo Gott wohnt. Er stellt eine Verbindung her, die vordergründig nach Gott sucht, doch tiefgründiger eher den Zusammenhalt des Volkes garantieren soll. Wer wird sich schon außerhalb der Sichtweite eines Baues begeben wollen, der die immerwährende Nähe Gottes verheißt?

Was aber ist das Problem Gottes mit einem solchen Tun seiner Kinder? In der Einheit dieses Volkes, *eine* Sprache, *ein* Tempel, *ein* Gott – darin liegt ja ihre Kraft und Macht. Unzertrennlich aufeinander bezogen, die Agenden des Lebens und der Gesellschaft zunehmend spezialisierend auf Handwerkskasten und Beamte verteilt ... *wenn sie so weitermachen, wird ihnen nichts mehr unmöglich sein* (Gen 11,6). Ist das nicht schon unsere Situation?

Tatsächlich: In unserer Zeit bildet sich zunehmend wiederum eine *lingua franca*, eine einzige Verkehrs- und Wissenschaftssprache aus (unter Zurückdrängung nationaler Eigenheiten), die den Austausch von Wissen und Errungenschaften über alle Grenzen hinweg im virtuellen Raum nicht nur möglich, sondern notwendig macht, um die Menschheit voranzubringen, ihrer Perfektion zuzuführen und damit selbst zu einem Gott zu machen, da sie den alten Gott bald nicht mehr brauchen wird. Ein israelischer Philosoph, Yuval Harari, verkündet publikumswirksam den Homo Deus.

Die arabisch-muslimische Welt scheint mir diesen Vorteil ihrer Einheit bereits mit sich zu bringen. Sie ist unter dem Dach einer gemeinsamen Sprache geeint und stark, mit dem entscheidenden Unterschied zu uns, dass es der Wille eines allumfassenden Gottes ist, der diesem Gesellschaftsgebäude Struktur, Halt und Inhalt gibt. Nicht so im Westen, der sich mit Reformation und Gegenreformation (und nicht erst mit der Aufklärung) von einem solchen Gesellschaftsmodell, in der Hoffnung, es könne und müsse nun *besser*, *freier* werden, verabschiedet hat.

Wer sich hier uninformierten Illusionen hingibt, möge nachlesen, wie schnell die Protagonisten im aufgeklärten Frankreich des Revolutionszeitalters auf dem Schafott gelandet sind. Royalisten ebenso wie Freimaurer; nur Charakterchamäleonide wie Joseph Fouché oder ein Charles de Talleyrand-Périgord konnten hier gedeihen und überleben.

Die Menschheit verlor damals und heute jene Einheit, die wir in Christus wiederherzustellen berufen sind. Das Wollen und Vollbringen ist Werk des Heiligen Geistes.

Die Unterschiede zu anderen Religionen und Kulturen inklusive Ersatzreligionen wie Aufklärung, Absolutismus, Atheismus und Säkularisierung sind die entscheidend christlichen:

Nicht Wiederherstellung einer Menschheitssprache und hierin Aufgabe jeglicher kultureller Individualität zu einem charakterlosen Einheitsgeschlecht, das aufgrund seines Umfangs groß und mächtig – und bald übermütig – wird, den Einzelnen nichts gelten lässt und zu Produzenten und Konsumenten degradiert, die sich gegenseitig knechten. Sondern: Zu Wort kommen lassen das Individuum in seiner Freiheit und Würde, in seiner Berufung, sein Leben zu meistern – zum Guten oder Schlechten.

Es ist erst das Wort Gottes in Christus, das den Boden bereitet zur Eigenverantwortlichkeit jedes Menschen, der für seine Taten und Werke, die vollbrachten und die intendierten, Rechenschaft wird ablegen müssen vor jenem Höheren, dem er und sein Nächster, der Einzelne wie die Gruppe ihre Existenz schulden.

Johannes 3,12-18 Wie Mose die Schlange

¹² Wenn ich zu euch über irdische Dinge gesprochen habe und ihr nicht glaubt, wie werdet ihr glauben, wenn ich zu euch über himmlische Dinge spreche?

¹³ Und niemand ist in den Himmel hinaufgestiegen außer dem, der vom Himmel herabgestiegen ist: der Menschensohn.

¹⁴ Und wie Mose die Schlange in der Wüste erhöht hat, so muss der Menschensohn erhöht werden,

¹⁵ damit jeder, der (an ihn) glaubt, in ihm das ewige Leben hat.

¹⁶ Denn Gott hat die Welt so sehr geliebt, dass er seinen einzigen Sohn hingab, damit jeder, der an ihn glaubt, nicht zugrunde geht, sondern das ewige Leben hat.

¹⁷ Denn Gott hat seinen Sohn nicht in die Welt gesandt, damit er die Welt richtet, sondern damit die Welt durch ihn gerettet wird.

¹⁸ Wer an ihn glaubt, wird nicht gerichtet; wer nicht glaubt, ist schon gerichtet, weil er an den Namen des einzigen Sohnes Gottes nicht geglaubt hat.

Und wie Mose die Schlange in der Wüste erhöht hat, so muss der Menschensohn erhöht werden, damit jeder, der an ihn glaubt, in ihm das ewige Leben hat (Joh 3,14f.).

Nicht erst späte Frömmigkeit, sondern schon die erste Generation der Christen hat diesen Vergleich zwischen dem aufgepflanzten Kreuz Christi und der aufgepflanzten Schlange des Mose angestellt. Der Vergleichspunkt ist schnell einsichtig. Die Menschen in der Wüste, bedroht von giftigen Schlangen, blieben am Leben, wenn sie die Schlange anblicken. Die Christen, ebenso bedroht durch den Tod als allgemeinmenschliches Schicksal, werden ebenso am Leben bleiben wie diese, wenn sie nur das Kreuz anblicken.

Wie bei so manchem Vergleich hat auch hier das zweite Glied einen erkennbaren Mehrwert: Ging es in der Wüste ums Überleben des Schlangenbisses, geht es beim Kreuz ums ewige Leben, ums Überhaupt-zunichte-Machen des Todes.

Wie aber kommt man auf die Idee, dass der schmachvolle, lange zurückliegende Tod *eines* Menschen am Kreuz den Tod *aller* außer Kraft heute und für immer setzt? Wer außer dem, der es eben im Glauben versteht, könnte das ernst nehmen? Gilt es eben nur für den Glaubenden? Haben die anderen recht, wenn sie sagen, dass Glaube nichts mit der Objektivität des Lebens zu tun hat? Seht doch nur: Selbst ihr Christen sterbt immer noch den gleichen schmachvollen Tod, auch euer Leib verwest vor euren Augen und ihr glaubt ans ewige Leben?

Als Jesus am Kreuz hängt, sagt er zu dem reuigen Schächer neben ihm: *Heut noch wirst du mit mir im Paradiese sein* (Lk 23,43)!

Uns fällt es nicht mehr so sehr auf, doch den ersten Umstehenden sehr wohl. *Paradies*, das heißt doch: Der Garten des Anfangs, *des* Anfangs, als alles noch im Lot, Mensch und Tier noch friedlich zusammenlebten, es keinen Streit gab – und keinen Tod.

Bei der Suche nach einer Antwort auf die Frage: *Woher der Tod?*, der keinen Sinn macht, der den Menschen zuwider ist, ja selbst widermenschlich ist, gegen den Lebensdrang jedes Einzelnen, kommt gläubiges Nachdenken darauf, dass die Sünde des Menschen diesen paradiesischen Zustand des nicht-endenden Lebens zerstört haben muss.

Die Sünde des Einzelnen brachte den Tod aller; weil von dem einen alle abstammen und die Sünde sich nun jedes Einzelnen bemächtigt. Als der erste Mensch der Sünde erlag, trat die Sünde in Welt und Menschheit.

Auch wenn man die Geschichte vom Paradies für nicht historisch hält (braucht man auch nicht), den Regeln einer textimmanenten Logik hält sie stand.

Als nun Jesus unschuldig, sündenlos am Kreuz den Verbrechertod stirbt; der Tod – die Frucht der Sünde sich demnach unberechtigterweise an ihm verging –, da ward der Tod ausgetrickst, der Weg zurück in den Garten des Anfangs wiedergefunden, die Tür zum Himmel, in Gottes ewiges Leben offen: *Heute noch wirst du mit mir im Paradies sein.*

Logisch ist das, doch ist es logisch nur für den Glaubenden?

Der Glaube bleibt zweifelhaft, solange er keine Früchte zeigt, solange dem Glauben keine Werke folgen. Werke, die auch dem Heiden und Zweifler Gutes tun; nur durch sie kann der Heide und Zweifler auch zum Glauben finden und nur aufgrund ihrer bleibt der Christ selbst nicht in seinen Zweifeln befangen. Erst das Tun nach Jesu Worten macht die Kraft seines unzerstörbaren Lebens vor aller Welt offenbar.

Das pilgernde Gottesvolk

Apostelgeschichte 6,1-17 Ganze sieben Männer

¹ In diesen Tagen, als die Zahl der Jünger zunahm, begehrten die Hellenisten gegen die Hebräer auf, weil ihre Witwen bei der täglichen Versorgung übersehen wurden.

² Da riefen die Zwölf die ganze Schar der Jünger zusammen und erklärten: Es ist nicht recht, dass wir das Wort Gottes vernachlässigen und uns dem Dienst an den Tischen widmen.

³ Brüder, wählt aus eurer Mitte sieben Männer von gutem Ruf und voll Geist und Weisheit; ihnen werden wir diese Aufgabe übertragen.

⁴ Wir aber wollen beim Gebet und beim Dienst am Wort bleiben.

⁵ Der Vorschlag fand den Beifall der ganzen Gemeinde, und sie wählten Stephanus, einen Mann, erfüllt vom Glauben und vom Heiligen Geist, ferner Philippus und Prochorus, Nikanor und Timon, Parmenas und Nikolaus, einen Proselyten aus Antiochia.

⁶ Sie ließen sie vor die Apostel hintreten, und diese beteten und legten ihnen die Hände auf.

⁷ Und das Wort Gottes breitete sich aus, und die Zahl der Jünger in Jerusalem wurde immer größer; auch eine große Anzahl von den Priestern nahm gehorsam den Glauben an.

Orthodoxe Christen feiern das Feuerwunder in der Grabeskirche. Nach dem Volksglauben entzündet sich alljährlich auf übernatürliche Weise eine Flamme in der Grabkapelle, deren Feuer weitergegeben wird.

Moment mal! Ganze sieben Männer nur, um sich um die Witwen der Hellenisten zu kümmern? Es werden ja nicht alle Frauen dieser Gruppe gleich Witwen gewesen sein; wie sonst könnten sich denn Männer dieser Gruppe über diesen Mangel beklagen? Es ist also eine Minderheit innerhalb der Hellenisten-Partei, die sich ihrerseits wiederum von den Hebräern unterscheidet.

Wir erfahren hier eine ganze Menge über die urchristliche Gemeinde in Jerusalem. Wenn wir bedenken, dass die Apostelgeschichte ja nicht einen Ist-Zustand zur Zeit der Verschriftlichung wiedergibt, sondern mündliche Überlieferung festhält, die in die Tage Jesu und kurz nach seiner Auferstehung zurückreicht, dann kann schon diese erste Gemeinde der Jüngerinnen und Jünger an allem Anfang nicht gar so klein und unbedeutend gewesen sein, wie wir uns das manchmal vorstellen, wenn wir von den Anfängen der Kirche sprechen.

Ganze sieben Männer braucht es – gewiss abwechselnd im Schichtbetrieb –, nur um eine identifizierbare Teilgruppe innerhalb der großen Gemeinde zu versorgen.

Die Leute sind organisiert, bestens sogar: Die einen kümmern sich um das Wort Gottes, also um Lehre und Verkündigung; die anderen kümmern sich um den Dienst am Tisch, ganz konkret um soziale und karitative Arbeit an den Bedürftigen.

Die Leute wählen aus ihrer Mitte nun sieben Diakone, so nannte man sie damals schon. Allerdings wiederum nicht planlos, geistlos, nach dem Zufallsprinzip, nach Mehrheitsentscheidungen und nach persönlicher Wahlwerbung, sondern man identifiziert zuerst gemeinschaftlich Männer guten Rufes, aus denen – es waren also gar nicht so wenige *guten Rufes* – wiederum die berühmten sieben Ersten gewählt werden.

Diese nun treten vor die Apostel, jene beten für sie und legen ihnen die Hände auf, alles Elemente, die eher früher als später in die Weihehandlungen der Kirche Eingang finden. Und siehe da: Wenn jeder tut, wozu er berufen und nützlich ist, breitet sich das Wort Gottes wie von Zauberhand weiter aus und die Zahl der Gemeindemitglieder wird immer größer.

Doch bevor wir's vergessen: Hellenisten und Hebräer. Die einen sind Griechen und die anderen Juden.

Auch die Juden der damaligen Zeit haben Griechisch gesprochen und verstanden; vollkommen sinnlos andernfalls, die Evangelien und die Briefe der Apostel in Griechisch zu transportieren. Seit Alexanders des Großen Tagen ist dieser Landstrich von griechischer Kultur und Lebensweise geprägt; sogar Hohepriester tragen griechische Namen (Menelaos; 2 Makk 4,23ff.).

Den Reinen, den Puristen, den Hebräern, den Erben der Traditionen geht dieser *clash of civilisations* zu weit und sie begehren auf – doch auch sie wissen: Ohne diese Verkehrssprache, in der die Welt sich selbst begegnet (wie heute dem Englischen), geht nichts, will man gehört und ernst genommen werden. Der Unterschied zwischen Hellenisten und Hebräern wird demnach ein zweitrangiger gewesen sein; schließlich einigen sie sich ja und bilden eine gemeinsame Gemeinde.

Doch blöd, naiv, einfach gestrickt, ungebildet, Fischertölpel waren weder die einen noch die andern.

Es gibt sie schlicht nicht: Romantik am Anfang der Kirche, die Sklaven, Arme, Ausgestoßene und sonstige Randgestalten zu einem einfachen Mahl versammeln würde, bei dem man unter anderem auch an den tollen Jesus dachte. Ebenso wenig ungebildete Fischer, die außer der täglichen Fahrt auf den See nichts gelernt hätten. Wir wissen archäologisch von Genossenschaften der scheinbar Mittellosen, die beachtlich reich sein konnten.

Ebenso wenig basisdemokratische Strukturen: Alleine das Wort *Struktur* impliziert Ordnung, einen Ordnenden, auf den man hört, weil er's kann und weil er's weiß.

Die Gemeinde der Christen bestand immer aus beiden Teilen: arm und reich, reich an Bildung und arm im Geiste, wie auch umgekehrt. Niemand stieß sich daran, Gott ruft jeden. Alles andere wäre doch sehr elitär gedacht von uns armen Sozialromantikern.

Apostelgeschichte 1,14
Mit Maria, der Mutter Jesu

¹⁴ Sie alle verharrten dort einmütig im Gebet, zusammen mit den Frauen und mit Maria, der Mutter Jesu, und mit seinen Brüdern.

Für den heiligen Johannes von Damaskus (650–754) war sonnenklar: Da die Jungfräulichkeit Marias auch durch Empfängnis, Schwangerschaft und Geburt Jesu nicht verletzt worden war, konnte auch der Tod diesem Leib Marias nichts anhaben. Und der heilige Germanus von Konstantinopel (650/660–730) argumentiert ganz ähnlich: Marias Leib war keusch, rein, ganz und gar heilig, sodass auch die Verwesung dieser Heiligkeit des Leibes nichts anhaben konnte. Christus, der Urheber des Lebens, führte seine Mutter ein in die himmlischen Wohnungen.

Wir sehen schon: Die frühe Kirche argumentiert in ihrem Reden über die Mutter vom Sohne her. Da wir an Jesus Christus glauben, der so beschaffen war, Gottes Sohn, auferweckt, damit auch wir einst auferweckt werden, so muss auch Maria ganz besonders gewesen sein, hervorleuchten aus der Schar der Menschen, sodass Gott gerade sie und keine andere zur Braut erwählte.

Allerdings nur, wenn man die Ausgangsbedingung teilt. Jesus ist Gottes Sohn, an den ich glaube, nur dann scheinen die Worte über Maria Sinn zu machen. Glaube ich nicht an den Sohn Gottes, weshalb sollte ich dann an die Muttergottes glauben?

Der Weg zu diesem Geheimnis (*Geheimnis*, nicht weil wir es nicht weitersagen dürften; *Geheimnis*, weil wir vielmehr an kein Ende kommen werden, es zu beschreiben) gleichsam von *oben her*, vom Glauben an Gott, der dies bewerkstelligt, bleibt unzureichend, wenn ihm nicht ein Weg von *unten her* entgegeneilt.

Schließlich war Maria bereits rein und makellos vor ihrer Erwählung, war doch genau dieses der Grund für ihre Erwählung! Mehr noch: Schon vor ihrem Bemühen um Heiligkeit kam ihr die Vorsehung zu Hilfe.

Ein Vergleich drängt sich auf aus den Schriften des heiligen Maximilian Kolbe, jenes Kapuziner-Mönches, der sein Leben freiwillig gab im Konzentrationslager Auschwitz, um einem jungen Familienvater, der hingerichtet hätte werden sollen, das Leben zu retten. Maximilian Kolbe beklagt, dass der herkömmliche Blick des Menschen nur – wie er schreibt – bis zum Sarge reiche, aber nicht weiter. *Sarg* als Inbegriff alles Materiellen, des letzten Materiellen; Sarg als Symbol für unsere Neigung, unsere Verhaftung an das Irdische, an das wir uns klammern, uns ketten, das wir raffen gleich einer Beute, als gäbe es kein Morgen. Dem Materiellen verhaftet, dem Tod verknechtet, ein Leben aus der Materie, in der Materie – wie sollte solch ein Mensch nicht auch zu Recht davon überzeugt sein müssen, dass mit dem Tod alles aus ist?

Wir bewundern das Lebenszeugnis, das Beispiel des heiligen Maximilian, vorbildlich, doch könnten wir, was er konnte? Wie konnte er nur, wie kann er nur, könnten manche fragen.

Die Kraft dazu liegt im Umkehrschluss seines Vorwurfes: Wer in seinem Leben sich nicht nur mit dem Materiellen zufriedengibt, seinen Blick weitet auf die Not des Nächsten, Liebe schenkt und lieben lässt, in Reinheit und Aufrichtigkeit, der erfährt in seinem Leben ein Licht, das allen Glanz der Sonne übertrifft. Weil es von anderswo herrührt als der Glanz der Materie.

Versuchen wir doch den Vergleich: Wie sehr schmerzt Enttäuschung und Verrat durch einen geliebten Menschen, wie sehr ist Lebenskraft die unbeschwerte, untrügende Liebe eines Menschen und was ist diese Ehrlichkeit gegen alles, was sich kaufen lässt?

Und erreicht nun einer einen Grad der Liebe, der Heiligkeit, die sich verschenkt, sich selbst verschenkt für den Fremden, ein Leben, das sich hierin erfüllt, wie könnte denn dieses Licht des wahren Lebens nicht auch fortdauern über die Grenze des Todes hinweg, jenes Todes, der doch Inbegriff alles Alleingelassenwerdens ist?

Eins zu sein mit seinen Gedanken, Worten und Werken verheißt Lebenskraft, nicht aus sich selbst heraus, sondern aus dem heraus, aus dem wir sind – aus Gott, der unser Gewissen heißt, der uns Orientierung gibt und Leben gab und Leben gibt. Wie ungerecht, sollte mit dem Tod alles aus sein können. Aber Gott sei Dank! Das ist ja nicht der Fall.

Apostelgeschichte 6,7-15.52-60
Stephanus sieht den Himmel offen

⁷ Und das Wort Gottes breitete sich aus, und die Zahl der Jünger in Jerusalem wurde immer größer; auch eine große Anzahl von den Priestern nahm gehorsam den Glauben an.

⁸ Stephanus aber, voll Gnade und Kraft, tat Wunder und große Zeichen unter dem Volk.

⁹ Doch einige von der sogenannten Synagoge der Libertiner und Zyrenäer und Alexandriner und Leute aus Zilizien und der Provinz Asien erhoben sich, um mit Stephanus zu streiten;

¹⁰ aber sie konnten der Weisheit und dem Geist, mit dem er sprach, nicht widerstehen.

¹¹ Da stifteten sie Männer zu der Aussage an: Wir haben gehört, wie er gegen Mose und Gott lästerte.

¹² Sie hetzten das Volk, die Ältesten und die Schriftgelehrten auf, drangen auf ihn ein, packten ihn und schleppten ihn vor den Hohen Rat.

¹³ Und sie brachten falsche Zeugen bei, die sagten: Dieser Mensch hört nicht auf, gegen diesen heiligen Ort und das Gesetz zu reden.

¹⁴ Wir haben ihn nämlich sagen hören: Dieser Jesus, der Nazoräer, wird diesen Ort zerstören und die Bräuche ändern, die uns Mose überliefert hat.

¹⁵ Und als alle, die im Hohen Rat saßen, auf ihn blickten, erschien ihnen sein Gesicht wie das Gesicht eines Engels.

⁵² Welchen der Propheten haben eure Väter nicht verfolgt? Sie haben die getötet, die die Ankunft des Gerechten geweissagt haben, dessen Verräter und Mörder ihr jetzt geworden seid,

⁵³ ihr, die ihr durch die Anordnung von Engeln das Gesetz empfangen, es aber nicht gehalten habt.

⁵⁴ Als sie das hörten, waren sie aufs Äußerste über ihn empört und knirschten mit den Zähnen.

⁵⁵ Er aber, erfüllt vom Heiligen Geist, blickte zum Himmel empor, sah die Herrlichkeit Gottes und Jesus zur Rechten Gottes stehen

⁵⁶ und rief: Ich sehe den Himmel offen und den Menschensohn zur Rechten Gottes stehen.

⁵⁷ Da erhoben sie ein lautes Geschrei, hielten sich die Ohren zu, stürmten gemeinsam auf ihn los,

⁵⁸ trieben ihn zur Stadt hinaus und steinigten ihn. Die Zeugen legten ihre Kleider zu Füßen eines jungen Mannes nieder, der Saulus hieß.

⁵⁹ So steinigten sie Stephanus; er aber betete und rief: Herr Jesus, nimm meinen Geist auf!

⁶⁰ Dann sank er in die Knie und schrie laut: Herr, rechne ihnen diese Sünde nicht an! Nach diesen Worten starb er.

Nach diesen Worten starb er (Apg 7,60). So endet in der Apostelgeschichte die Erzählung über den ersten Martyrer Stephanus. Seine eigenen Worte – seine Auslegung der bisherigen Geschichte des Volkes Israel in der Apostelgeschichte Kapitel 7 – waren sein Todesurteil.

Worte haben offensichtlich Macht, sie bestimmen über Leben und Tod, Schönes und Schlechtes – ja wir bestimmen kraft unserer Rede, *wen* wir zum *Freund* und *wen* wir zum *Feind* haben wollen. Worte sind alles andere als harmlos. Worte haben Macht.

Einen Demagogen nennen wir, wer kraft seiner Rhetorik, seines Charismas, seiner Überzeugungskraft es schafft, das Volk dorthin zu führen, wohin es ohne diesen Menschen nicht gehen würde. Zu diesem Ziel gehört ein breites Repertoire an subtilen Methoden und schreienden Grimassen; wir kennen all dies aus

Politik und Werbung. Doch auch diese Bibelstelle und im Grunde jede Glaubenslehre, mit dem Ziel, den Angesprochenen überzeugen zu wollen, operiert so. Wie denn auch sonst.

Gleich zu Beginn lesen wir: *Voll Gnade und Kraft* – also aus eigenem Vermögen und unterstützt durch die Kraft von oben; hier kommt Gott zum Vorschein – *wirkt Stephanus Wunder und große Zeichen* (Apg 6,8). Man könnte fragen: Was unterscheidet die beiden Wendungen? Ich will es Ihnen sagen. Es ist eine Standardfloskel im Alten Testament für die Wundertaten Gottes selbst, angefangen vom Exodus bis zu den Propheten. Stephanus wirkt *unter dem Volk* (Apg 6,8) – nicht in einem Teil desselben, einer kleinen exklusiven Gruppe, nein, fürwahr im ganzen Volk, überall und jedermann, ohne Ausnahme. Noch aussagekräftiger lässt sich eine Erzählung kaum beginnen.

Die Gegner, nicht minder zahlreich: Libertiner, Zyrenäer, Alexandriner, Leute aus Zilizien und Asien, also der halbe Erdkreis; und all ihre versammelte, geballte Weisheit reicht nicht aus, gegen Weisheit und Geist des alleine stehenden Stephanus argumentativ anzukommen. Nein, angehen müssen sie ihn am bösen Ende mit Steinen, damit sie das letzte Argument behalten können. Das Zähneknirschen ist der Theaterdonner vor dem Säbelrasseln.

Stephanus wechselt in das Genre der Vision: *Er sieht den Himmel offen* (unerhört, von Erden so ganz ohne Schranke und Vermittlung durch Engel) und *Jesus zur Rechten Gottes stehen* (Apg 7,55). Zur Rechten steht immer der Stellvertreter, so wie der König von Israel seinen Palast zur Rechten des Tempels platzierte, so beansprucht er, an Gottes statt zu herrschen. So nahe an Gott ragt kein anderer heran, so nah, dass diese Göttlichkeit ihn selbst umfasst.

Schreien, Ohren zuhalten, losstürmen, zur Stadt hinaustreiben, steinigen (Apg 7,58; 14,19) – es geht gar nicht anders, das ist die einzig vorgesehene Reaktion der Menge auf die eben gehörte Gotteslästerung des prophetischen Stephanus.

Ganz anders, ganz leise, im Kugelhagel, der Martyrer: *Der Herr* (eine Anrede, die Gott und dem Kaiser zukommt) *Jesus möge seinen Geist aufnehmen* (er hat also die Potenz dazu) *und den Mördern vergeben* (Apg 7,60). Auch dazu hat er also die Macht, kraft seines Wortes wiederum der Todesstrafe zu entreißen. Der Martyrer, der Gesteinigte seinerseits, darf, weil er schuldlos leidet, darauf vertrauen, dass seine Fürbitte erhört wird. Stephanus legt also noch eins drauf: Erst recht im Angesicht des Todes muss die Göttlichkeit dieses Menschensohnes bekannt werden.

Galater 1,18 Petrus und Paulus

[18] Drei Jahre später ging ich nach Jerusalem hinauf, um Kephas kennenzulernen, und blieb fünfzehn Tage bei ihm.

Die Kirche feiert ihre Gründerväter am 29. Juni, die Fürsten der Apostel, Petrus und Paulus. Freilich, genau genommen sind nicht sie, sondern ist Jesus selbst Quelle kirchlichen Lebens, noch genauer, nicht einmal das, denn die Kirche entspringt und lebt einzig und allein dem Willen Gottes selbst, der uns in seine Gegenwart führen möchte. Und dennoch gelten Petrus und Paulus zu Recht auch als Gründerväter der Kirche.

So einträchtig Seite an Seite, wie ihr gemeinsamer Festtag vorgaukelt, waren die beiden zeit ihres Lebens aber selten. Wieso sie dennoch Schulter an Schulter in vielen unserer Kirchen zu verehren sind, reicht aber weiter, als dass die Verbindung ihrer beider Namen so hübsch klingt, weil beide mit einem *P* beginnen. Die beiden Männer der ersten Generation symbolisieren die unwiederholbare Zeit des Anfangs, das nicht mehr neu zu legende Fundament des Ganzen der Kirche.

Simon Petrus, der Erste, der Jünger, der gemeinsam mit Jesus durch das Land zog, aus seiner Gegend stammte, von ihm berufen wurde, der im Evangelium das Bekenntnis zum Messias Jesus ablegt und ihn dennoch verleugnen wird; dennoch aber auserkoren wurde, der Fels der Kirche zu sein, Grundstein des Petrus-Amtes, der Erste nicht nur der Jünger, sondern auch der Päpste. Er, dieser Erste, steht für die Kirche, die sich aus dem Judentum formierte.

Petrus gilt als Symbol für die Missionsbemühungen in den jüdischen Synagogen, als Streiter für das alttestamentliche Gesetz, als Bewahrer der überlieferten Tradition.

Paulus demgegenüber, geboren außerhalb des Heiligen Landes, erzogen im Geiste des Hellenismus, der damaligen alles beherrschenden griechischen Weltkultur; ein Mann des geschmeidigen Wortes, der anspruchsvollen Gedanken. Er steht als Symbol für die Mission der ersten Christen bei den Heiden jener Zeit, bei Griechen und Römern. Paulus erkennt nach seinem Scheitern bei den Juden, dass seine Berufung in der zweiten, weitaus größeren Hälfte der damaligen Welt liegt.

Wir haben, wenn man so will, eine Art Arbeitsteilung der beiden Apostelfürsten zwischen *hier Juden, da Heiden*.

Petrus und Paulus, Paulus und Petrus, beide getrennt, bilden beide zusammen aus beiden Teilen die eine Kirche. Heiden und Juden, die zusammen Christen werden, formieren gemeinsam die eine Kirche Jesu Christi. In diesem Glauben weichen alle Unterschiede; jene zwischen Sklaven und Freien, zwischen arm und reich, zwischen Mann und Frau. Was einzig noch zählt, ist ermahnende Liebe und liebevolles gegenseitiges Ermahnen, dem Ruf Gottes in seinem Sohn treu zu bleiben, vom einzigen Weg, der zum Ziel führt, nicht mehr abzukommen.

Petrus und Paulus völlig voneinander abzugrenzen funktioniert nicht, die Klischees greifen nicht: Den ärmlichen, leicht tölpelhaften Fischer, den einfachen Mann aus dem Volk, Petrus, hat es ebenso wenig gegeben wie den nur hochgeistigen, anspruchsvoll-unverständlichen Lehrer Paulus, dessen Lesungstexte viele für unzumutbar halten.

Aus archäologischen Zeugnissen wissen wir, dass Fischer jener Zeit sich zu Genossenschaften zusammenschlossen und durchaus über so viel finanzielle Mittel verfügten, dass sie sich selbsttätig um Witwen und Waisen kümmern und sogar Stiftungen ins Leben rufen konnten.

Andererseits war Paulus als geborener Jude in dieser Welt groß geworden, kannte die Bräuche und wird vor seiner Bekehrung als eifriger Kämpfer für das Gesetz geschildert, sogar als – aus diesem Grund – Verfolger der Christen.

Beide gemeinsam treibt ihre Überzeugung, für das eine Ziel zu kämpfen, die letzte und endgültige Offenbarung Gottes in seinem Sohn in alle Winkel der Welt zu tragen, einzuhauchen, einzuprägen. Einzuzeichnen mit dem Blut des Martyriums: Gegen Ende seines Lebens finden wir Petrus in Rom, in derselben Stadt, in die Paulus als Gefangener gebracht wird. Beide finden in dieser Stadt den Tod für ihren Glauben, beide empfinden ihn als angemessenen Lohn für ihr Tun, als letzte Möglichkeit, ein letztes Mal für die Wahrheit des Evangeliums Zeugnis zu geben: Petrus mit dem Kopf nach unten – damit der Knecht nicht denselben Tod stirbt wie sein Herr – gekreuzigt; Paulus enthauptet, ein Privileg römischer Bürger, die nicht den schmachvollen Kreuzestod sterben durften.

Bei Licht betrachtet haben die beiden also mehr gemeinsam als zunächst vermutet. Der unerschütterliche Fels der Kirche, Petrus, der unermüdliche Verkünder des Wortes, Paulus. Sie bezeichnen das Leben der Kirche, das nicht nur zu ihren Zeiten, sondern auch heute noch, aus den Diensten des Petrus-Nachfolgers, des Papstes, aus den Diensten der Paulus-Nachfolger, der Theologen, besteht; sie aber, die Gründerväter, Fürsten der Apostel, sind die Ersten; ihrem Wirken verdanken wir das Ganze.

Orthodoxe Pilgerinnen in der griechisch-orthoxen Kapelle des Spotts in der Grabeskirche. Unter dem Altar befindet sich das Fragment einer Säule, auf der nach der Tradition die Krönung Jesu mit der Dornenkrone erfolgt sein soll.

Jesaja 35,1-4
Die Pracht des Karmel – die Kraft des Gebetes

¹ Die Wüste und das trockene Land sollen sich freuen, die Steppe soll jubeln und blühen.

² Sie soll prächtig blühen wie eine Lilie, jubeln soll sie, jubeln und jauchzen. Die Herrlichkeit des Libanon wird ihr geschenkt, die Pracht des Karmel und der Ebene Scharon. Man wird die Herrlichkeit des Herrn sehen, die Pracht unseres Gottes.

³ Macht die erschlafften Hände wieder stark und die wankenden Knie wieder fest!

⁴ Sagt den Verzagten: Habt Mut, fürchtet euch nicht! Seht, hier ist euer Gott!

Wenn ich ehrlich sein soll (und das soll ich ja): Ich kann durchaus nachvollziehen, worin für manchen Beter die Schwierigkeiten des Rosenkranzgebetes liegen könnten. Mir ging es anfangs kaum anders.

Monoton mutet es an; die ständige Wiederkehr der ewig gleichen Gesätzchen, angereichert bloß vor geraumer Zeit durch den lichtreichen Rosenkranz des heiligen Papstes Johannes Paul II. Sollen wir uns etwa einlullen lassen? Das widerstrebt dem kritisch-denkenden Zeitgenossen.

Nun, wir könnten es auch so sehen: Die gleichbleibenden, einander abwechselnden Gebete entheben uns der Hektik des Alltags, des überall und jederzeit Erreichbar-sein-Sollens, die neuesten News in der Minute ihres Geschehens am Handgelenk.

Wie können wir zur Ruhe kommen, wie unseren Geist, unsere Sinne auf einen Punkt konzentrieren: Des Hörens auf unsere innere Stimme, des Achtens auf unsere geistig und geistliche Gesundheit und Orientierung, der Ausrichtung auf Gott?

Ihre Gedanken gleiten ab, wenn Sie so monoton vor sich hinbeten? Nun, dann achten Sie darauf, wohin sie schweifen. Manchmal will uns Gott in der Stille des Gebetes auch Dinge, Personen wieder in Erinnerung rufen, denen uns zu widmen wir vergessen haben.

Das Rosenkranzgebet ist einfältig, wenig abwechslungsreich, die primitiv-anmutenden Merksätzchen seien wohl für intellektuell wenig Anspruchsvolle gedacht? Schließlich stammt das Rosenkranzgebet aus einer Zeit, jahrhundertealt, die sich einfacher Gebetsformen für schlichte Gemüter bedienen musste. In unserer Zeit der aufgeklärten Postmoderne beinahe eine Beleidigung für den strukturiert denkenden Menschen.

Nun, betrachten Sie es – ich unterstelle, Sie zählen sich selbst zu den Intelligenteren unter uns – zuerst gerne als Demutsübung. Nicht alle Menschen können Ihren Horizont teilen; sei es, weil sie diese Gabe schlicht nicht haben, dafür aber andere Talente. Sei es, weil Menschen durch physische oder andere Beeinträchtigungen nicht Ihre lichten Höhen erreichen, anders und weniger anspruchsvoll glücklich werden können. Im Grunde wissen wir, wie beneidenswert das sein kann: Sich manche Frage im Leben nicht stellen zu müssen, weil sie sich schlicht nicht zeigt. Zeigen Sie sich aber solidarisch in Ihrem Beten mit allen Menschen, den Kleinen und Großen, und schärfen Sie so Ihre Empathie für Mitmenschen.

Aber im nächsten Schritt sollten Sie einsehen, dass Sie sich irren: Was Ihnen oberflächlich als einfacher Merksatz erscheint, ist in Wahrheit das in einprägsame Worte gefasste, auf den Kern reduzierte Evangelium, komprimiertes Leben Jesu.

Rufen Sie doch in den zehnmaligen Wiederholungen des jeweiligen Gesätzchens jene Stellen der Bibel in Ihrem Gedächtnisse auf, die damit in Verbindung stehen; stellen Sie sich die Szenerie vor Ihrem geistigen Auge vor, malen Sie phantasievoll jedes Detail aus: Den Raum, die Personen, Maria, Jesus, die Umstehenden; ja hören Sie auch die Stimmen der Erzählung. Sind sie hell und klar, dunkel und sonor? Und bauen Sie sich selbst in das Bild mit ein: Wann in meinem Leben trifft mich das Wort, wohin ruft es mich?

Üben Sie so mit Maria das Ja-Sagen zu Gottes Plan, üben Sie Vertrauen in Gottes Weitsicht, wo Ihnen ihr Kleingeist im Weg steht. Und ehe Sie sich versehen, gewinnt der Rosenkranz nicht nur Fülle, sondern sogar Aktualität.

Um Sie geht es! Ja, ganz genau, um Sie! Sie sprechen eingangs das *Glaubensbekenntnis*, loben den Vater, den Sohn, den Heiligen Geist; sprechen mit Jesus zum Vater mit den Worten, die er selbst uns gelehrt hat, bitten um Glaube, Hoffnung und Liebe, hören die Botschaft des Engels an Maria, den finalen Neueinsatz in der Geschichte Gottes mit den Menschen, und im zweiten Teil des *Ave* antworten Sie selbst als Kind Gottes: *Heilige Maria, Mutter Gottes, bitte für uns Sünder.* Sagen Sie mir nicht, Sie wären nicht Sünder und müssten nicht bitten.

Und vergessen Sie nicht das Gebet für die Verstorbenen; insbesondere für jene, deren Leben zu kurz war, um rein und gereinigt vor Gott getreten zu sein: *O mein Jesus, führe alle Seelen in den Himmel.* Auch meine. *Amen.*

Offenbarung 21,1-5 Das neue Jerusalem

¹ Dann sah ich einen neuen Himmel und eine neue Erde; denn der erste Himmel und die erste Erde sind vergangen, auch das Meer ist nicht mehr.

² Ich sah die heilige Stadt, das neue Jerusalem, von Gott her aus dem Himmel herabkommen; sie war bereit wie eine Braut, die sich für ihren Mann geschmückt hat.

³ Da hörte ich eine laute Stimme vom Thron her rufen: Seht, die Wohnung Gottes unter den Menschen! Er wird in ihrer Mitte wohnen, und sie werden sein Volk sein; und er, Gott, wird bei ihnen sein.

⁴ Er wird alle Tränen von ihren Augen abwischen: Der Tod wird nicht mehr sein, keine Trauer, keine Klage, keine Mühsal. Denn was früher war, ist vergangen.

⁵ Er, der auf dem Thron saß, sprach: Seht, ich mache alles neu.

Das himmlische Jerusalem, die heilige Stadt, die prächtige, juwelenbeschmückte Festung Gottes, in der es keine Trauer mehr gibt, keine Klage und keinen Schmerz (Offb 21,4), steigt vom Himmel hernieder, erfüllt von Gottes friedliebender Herrlichkeit (Offb 21,10f.).

Welch ein Bild, welch eine Freude, doch leider noch Fiktion, noch lange nicht Realität. Unsere Stadt Jerusalem: Zerrissen zwischen den Völkern, geteilt zwischen den Religionen, schmerztriefend seit Langem. Zermürbender kann der Unterschied zwischen Gottes Verheißung auf eine bessere Zukunft und des Menschen Realität in bitterer Gegenwart nicht geschmeckt werden.

Das himmlische Jerusalem, die Stadt auf ewigem Berge, braucht nicht mehr Sonne und Mond, die ihr leuchten, sondern Gott und das Lamm Christi werden sie erhellen bei Tag und bei Nacht (Offb 21,23). Hell bei Tag und bei Nacht heißt aber, dass die Grenze zwischen Tag und Nacht aufgehoben wird. Ist Nacht mit Dunkelheit verbunden, Dunkelheit aber in Licht nicht denkbar, ist überall und jederzeit Tag. In Gott ist keine Finsternis, Gott ist Sonne ohne Unterlass.

Sonne und Mond – den Wechsel der Gezeiten – brauchen wir Menschen aber, um die Zeiten zu messen; Stunden, Tage, Monate und Jahre. Fehlen die Gestirne, werden die Gezeiten uferlos; fehlt der Wechsel von Tag und Nacht, wird Zeit nichtig, Zeit grenzenlos wie die Herrlichkeit Gottes: Bei ihm sind tausend Jahre wie ein Tag (Ps 90,4), Er ist derselbe gestern, heute und morgen, von Ewigkeit zu Ewigkeit (Hebr 13,8).

Solange Sonne und Mond leuchten, der Wechsel der Gezeiten funktioniert, solange ist das himmlische Jerusalem noch ersehnte Vision, nicht erfüllte Gegenwart. Das himmlische Jerusalem ist Teil der neuen Welt, die Gott versprochen hat, Teil der Hoffnung, die uns leben lässt, Teil des Glaubens, der uns hoffen lässt.

Solange Sonne und Mond leuchten, der Wechsel der Gezeiten funktioniert, solange bleibt auch der Mensch dem Wechsel der Gezeiten, dem Wechsel seiner Stimmungen und Launen, dem Wechsel von Gut und Böse, dem Wechsel von Frieden und Krieg unterworfen. Ganz klar: Wo Gott ist, da kein Unfriede; wo Gott noch nicht ist, da kein Paradies. Das Ziel heißt paradiesischer Friede in Gottes Gegenwart.

Für uns Christen ist dies im Lichte Gottes bereits in Christus Wirklichkeit, der Weg zurück in die Beschaulichkeit des Miteinanders des Paradieses schon eröffnet; dem Tod sein Schrecken genommen, der Trauer ein Ende bereitet. Wie aber das? Wo wir doch um uns herum täglich die Schattenseiten des Lebens erleben.

Die Seele, die aus Gott sich nährt, deren Heimat nicht hier, sondern in ihm ist, ist erfüllt von Gottes Herrlichkeit, richtet sich nicht mehr nach Sonne und Mond, also dem irdischen Wechsel der Gezeiten, sondern nach der Ewigkeit des Himmels. Der Wechsel der Stimmungen, Launen, Gewalt und Frieden, menschlicher Hass und brüderliche Verbundenheit ist ihr fremd; ihr Trachten ist Jesu Gebot: Liebe zu Gott und zu den Menschen. Nicht weltabgewandt, enthoben, verloren für die Welt, sondern verankert in jener besseren Welt, deren Sonnenstrahlen in die unsere reichen, eine Welt, die Gesichter und Herzen sucht, in denen und durch welche sie aufstrahlen kann, für jene Menschen, die noch suchen, leiden in dieser Welt.

Die Seele, die aus Gott sich nährt, hofft wider alle Hoffnung, glaubt wider alle Wahrscheinlichkeit. Nährt sich aus der Schrift, labt sich an Gemeinschaft, schöpft aus der Quelle des Lebens. Freut sich mit den Fröhlichen, weint mit den Weinenden, gibt den Bedürftigen, teilt, wo Mangel herrscht, schweigt, wo andere reden, betet, wo andere lästern; kurz: geht den Weg des Menschensohnes Jesus, der allen Menschen Wegweiser ist.

Die Seele, die aus Gott sich nährt, erkennt das irdische Jerusalem, die heilige Stadt, die prächtige, juwelenbeschmückte Festung Gottes, in der es keine Trauer mehr gibt, keine Klage und keinen Schmerz, selbst inmitten dieser zerrissenen irdischen Stadt Jerusalem, inmitten unseres Lebens hier; sie erkennt ihren Weg und weiß um ihren Beitrag zum Kommen der Herrlichkeit Gottes.

Andrea Krogmann

1977 in Detmold (NRW) geboren, studierte katholische Theologie an der Universität Bonn. Danach war sie am Lehrstuhl für Liturgiewissenschaft der katholisch-theologischen Fakultät der Universität Freiburg/Schweiz tätig, bevor sie als Redakteurin zur Schweizer Katholischen internationalen Presseagentur (Kipa) und 2016 wechselte. Seit 2010 lebt sie in Jerusalem und berichtet unter anderem für die Katholische Nachrichten-Agentur (KNA) und die Tagespost in Wort und Bild aus dem Nahen Osten.